JN085373

ファミリー
アントレプレナーシップ

地域創生の持続的な牽引力

◆山田幸三 編著

◆尹大栄 ◆山本聡 ◆落合康裕 ◆戸前壽夫 著

Family Entrepreneurship

中央経済社

まえがき

　日本の各地域がその特徴を活かして自律的，持続的な社会の創生を目指すという「地方創生」は，政府によって華々しく打ち出されて5年が経過し，1つの区切りを迎えている。

　「地方創生」の礎となる「まち・ひと・しごと創生長期ビジョン」は2014年12月27日に閣議決定され，4つの基本目標として「稼ぐ地域をつくるとともに，安心して働けるようにする」「地方とのつながりを築き，地方への新しいひとの流れをつくる」「結婚・出産・子育ての希望をかなえる」「ひとが集う，安心して暮らすことができる魅力的な地域をつくる」を挙げた。「地方創生」の中心となる課題は，地方の人口減少を食い止め，持続可能な地域経済の形成を通じて日本社会の活力を維持することなのである。

　しかし，これらの基本目標の達成は容易ではない。令和の時代に入って二度目の春を迎えるが，東京への一極集中は一向に収まる気配を見せず，未だ道半ばの感を強く持たざるを得ないからである。

　思い起こしてみると，「地方創生」という言葉が，単に地域振興を意味するのであれば，これまでも「ふるさと創生事業」のような地方活性化策はあった。だが，それでは「新しい地方を創り出す」という本来の趣旨からかけ離れてしまう。むしろ，「中央」との対比による「地方」という言葉で地域を捉え，特定の政策に限定する視点よりも，そこに生活する人々や事業を営む企業家が主人公となって，歴史的，社会的なコンテキストを強みとして活かし，「自律した地域を創り出す」という「地域創生」の視点が求められているはずである。

　では，地域で自立した経済を構築する主役はだれなのだろうか。「よそ者」「若者」「馬鹿者」と呼ばれるような，先入観を持たずに地域で何らかの変革を起こし，一途に取り組む人たちの役割は大きい。だが，アントレプレナーシップを発揮した変革は，持続してこそ新しい価値を生み出せる。そのためには，

本来，そこを本拠地に世代を跨いで事業を営み，長い歴史を刻むことで固有の資源を持つ企業にもっと光をあてる必要があるはずだ。その代表的な例は，地域を拠点に長く存続し，地場産業を構成する中小企業だろう。そうした中小企業の主流は，ファミリービジネスである。もちろん，ウォルマートや鈴与のように，大規模な企業に成長しても，ファミリービジネスの形態を維持している例は数多くある。

　ファミリーアントレプレナーシップ研究には，経営戦略の視点からファミリービジネスにおけるイノベーションを捉えようとする視点と，ファミリービジネスの資源の固有性とアントレプレナーシップの関係に注目する世代間アントレプレナーシップ（intergenerational entrepreneurship）の視点の2つがある（ファミリービジネス学会編『日本のファミリービジネス：その永続性を探る』中央経済社，2016年）。本書では，ファミリービジネスの経営を長い時間軸で捉える後者の視点を基本として，経営戦略論のドメイン（生存領域）に関する論点を包含する議論を試みている。

　新しい価値につながる変革を持続する主導的な役割は，地域に根付いて重代の事業を承継し，地域社会に埋め込まれた歴史的，および社会的な要因と親和性を持つ土着のファミリービジネスが担えるはずである。筆者がこの問題意識を改めて強く持つに至ったきっかけは，江戸期から続く伝統的な分業制の崩壊という，産地の危機に直面する有田焼陶磁器産地の事例を取り上げたテレビ番組で新機軸の焼き物づくりの現場を取材し，コメンテータとして関わったことであった。

　2016年の1月と2月にNHKで放映された，佐賀放送局制作の佐賀イズム「伝統産業は存続できるか　創業400年有田焼の新戦略」と，福岡放送局制作の特報フロンティア「伝統産業は生き残れるか　有田焼400年目の挑戦」は，いずれも400年という節目を迎えた有田焼の伝統と革新をテーマとし，有田という「和様磁器のふるさと」の伝統産地で，新しい商品開発に取り組む事業者の事例を通じて，伝統産業が今後生き残っていくための手がかりを探ろうとする企画であった。

有田で新しい焼き物づくりに挑戦する主役として番組が取り上げた陶業者は，香蘭社や柿右衛門という産地を代表する老舗の名高い窯元ではなく，産地で代を重ね，小規模ながらも脈々と事業を営んできた土着のファミリービジネスの窯元と産地商社である。伝統産地で新機軸の焼き物に挑む，普通の陶業者たちの挑戦の日々が映像化されたのである。

　番組の中で筆者が最も強く印象に残った言葉は，「新しいものは何もないが，歴史と伝統はある」という「よそ者」のデザイナーのメッセージだった。番組の主役となる陶業者たちが，ゼロベースで新しい焼き物づくりに取り組む背後には，このメッセージを原点とする共通認識があった。それは，産地の歴史と伝統を現代の生活空間の中へいかに取り込み，リニューアルしていくのかという問題意識となり，陶業者にとって先代の経営の墨守を意味しない。だが，決して産地の歴史と伝統を否定したわけではなかったのである。

　そもそもファミリービジネスは，押し並べて旧態依然とした会社経営をしている企業なのだろうか。創業者一族が株式を所有する，もしくは経営に関与するファミリービジネスは，発展途上国に比較的多いこともあって前近代的な企業形態としてイメージされがちである。たしかに，ファミリービジネスは，創業者一族を中心に重代で承継する事業の存続を優先し，短期よりも長期的な利益に対する意識が強い。「利益」よりも「存続」を重視する経営は，株式市場からの評価が低いとする見方もよくある。だが，現代の株式市場は，企業経営の将来性を十分に評価するわけではなく，短期的な利益を最も重視し，企業の将来性に対する意識の低い株主も多いというのが現実であろう。

　日本には，創業からの事業年数が100年を超える，老舗と呼ばれる長寿企業が多い。一般社団法人ファミリービジネス研究所（https://family-biz.org/）のホームページには，「日本には社歴100年以上の企業が3万社以上存在するといわれ，そのほとんどはファミリービジネスです」と記載されている。老舗企業の多くはファミリービジネスであるが，伝統を守るために硬直的な経営をする経営者だけではなく，環境の変化に合わせて新機軸を追求し，第二創業を実現した企業家的な経営者も珍しくない。ファミリービジネスであるがゆえに，

経営者の在任期間は長くなり，長期的な視点から大胆で迅速な意思決定もできるはずである。そうしたファミリービジネスは，ファミリーアントレプレナーシップとともに経営を規律あるものとして自制させる創業以来の理念や家訓を持つが，拠点として根付く地域によってモニタリングされていると言っていい。

　本書は，ファミリービジネスの最近の理論的な視座である社会情緒的資産から，ファミリーアントレプレナーシップと地域との関わりに焦点を合わせて，事例の分析と考察を試みた研究の成果である。ファミリービジネスのアントレプレナーシップに関する事例は，多くの伝統的な地場産業産地で見られる。地域創生が喫緊の課題となっている時代であるからこそ，ファミリービジネスの理論に基づく地域の多様な事例研究の成果がもっと発信されていいのではないだろうか。本書の試みはその第一歩にすぎないが，地域創生に日々取り組む人々が本書から何らかのヒントを得られるならば，執筆者一同にとって望外の喜びである。

　最後に，本書の基礎となった調査研究にご協力いただいたすべての方々に対して，改めて感謝の意を表するとともに，厳しい出版環境の下で本書の刊行を決断された中央経済社と，公刊の過程でたいへんご尽力いただいた学術書編集部の酒井隆副編集長に厚くお礼申しあげる。

2020年3月

執筆者を代表して

山田　幸三

目　次

第1章　ファミリービジネスと社会情緒的資産理論の視点

第2章　老舗酒蔵のアントレプレナーシップと地域貢献
―福島県・大和川酒造店

ファミリービジネスと社会情緒的資産理論の視点

1 はじめに

　近年，日本社会は，阪神・淡路大震災，東日本大震災などの歴史的な災禍に見舞われ，被災地域はもちろん，その他の地方都市の活性化が主要な課題となっている。「地方創生」政策が打ち出されているものの，地域の独自性や優位性によって課題を克服し，経済的，社会的な価値を生み出すためには，その主な担い手となる地場の中小企業が，イノベーション創出の駆動力となるアントレプレナーシップ（企業家活動）を発揮して行動することが必要である。

　しかし，地域で活動する中小企業が長年培ってきた独自性や優位性を新機軸を通じて環境に応じた変換を行い，新たな価値を生み出すことは簡単ではない。環境との矛盾を解消して旧来の制度や仕組みを再構築するためには，一過性の活動ではなく，企業家活動の持続が必要となるからである。

　創業期から地域を本拠地として事業を営み，地場産業を構成して長い歴史を刻んできた中小企業の主流はファミリービジネスである。2019年版中小企業白書によると，中小企業は，357万社以上（民営，非一次産業，2016年）で全企

業の99.7％を占める。この構成比は，近年一貫して変わらず，日本が世界一の
ファミリービジネス大国と呼ばれる所以であり，日本経済における中小企業の
重要性を改めて確認できる。

　しかし，日本のファミリービジネスは，長寿性や伝統の継承などが注目され
る反面，経営体質の古さ，創業家の独善性，同族間の紛争という負の側面の際
立つ事例が後を絶たない。創業者の衰えによる悪影響に基づく経営判断の誤り
や公私混同，あるいは創業者一族の内紛に端を発する経営の放置から企業の衰
亡に至るというストーリーは決して珍しい現象ではなく，ファミリービジネス
が凋落する典型的パターンであると言えるかもしれない。

　ファミリービジネスは，創業者一族が支配して承継する「遅れた」経営形態
なのだろうか。2018年版ファミリービジネス白書では，総資産事業利益率，流
動比率，自己資本比率などの財務指標においてファミリービジネスの業績の優
位性が示され，売上高営業利益率は，非ファミリービジネスと比べて遜色ない。
株価投資収益率や株価純資産倍率（PBR：時価総額／自己資本）などの指標で
も，株価形成面におけるファミリービジネスの優位性が指摘されている[1]。

　こうした事実は，現代のファミリービジネスだけに当てはまることではない。
宮本（2010）の経営史研究では，1931年から41年の財務データを分析し，日本
のファミリービジネスは，配当や留保を抑えて役員賞与に厚く分配する利益処
分策を取っていたが，ファミリービジネスと非ファミリービジネスの利益率
（利益／払込資本金）には有意な差がなく，相対的に規模の小さいファミリー
ビジネスが一般企業と比肩しうる存在であったと指摘している。これらの調査
研究の結果は，ファミリービジネスが一概に遅れた経営であると断ずる評価に
警鐘を鳴らすものであると言っていい。

　海外の調査結果でも，同様のメッセージを読み取れる。たとえば，2003年の
ビジネスウィーク誌は，アメリカのニューヨークに本部を置く大手格付け会社，
スタンダード・アンド・プアーズ（Standard and Poor's）の500株価指数の対
象企業を実証分析した結果，売上高や利益の伸び率および株主収益率などにお
いて，ファミリービジネスが一般企業よりも優れた成果をあげていたと報じて

いる[2]。

　ファミリービジネスは，主要先進国において経済や雇用に一定の影響力を持ち，欧米でのファミリービジネスに対する関心は高い。スイスのザンクトガレン大学ファミリービジネスセンター（Center for Family Business at the University of St. Gallen）による，グローバル・ファミリービジネス・インデックス（Global Family Business Index）には，ウォルマート，フォルクスワーゲン，フォード，カーギルなど，世界的な大企業500社がリストアップされ，日本企業では出光興産，サントリー，矢崎総業，ファーストリテイリング，竹中工務店，大塚製薬，サンドラッグ，コスモス薬品が含まれている[3]。オムロン，スズキ，鈴与，アシックスなど，ファミリービジネスとして成果をあげた例は，日本の様々な業種の企業で数多く見られる。大規模な企業に成長しても，ファミリービジネスの形態を維持しているということは，ファミリービジネスとしての経営の特性が，企業の存続と発展に資するものであったとも考えられる[4]。

　それでは，長く存続するファミリービジネスは，重代の経営を墨守してきたのだろうか。ファミリービジネスは，創業者一族の経営への関与や株式の所有によって，伝統を重視した保守的な経営である印象が強いのは否めない。だが，創業期以来の価値観や信念を核とした長期的な視点から経営戦略を策定し，組織を編成できることも，経営判断の自由度が大きいファミリービジネスの特徴である。ファミリー出身の経営者は，一族の存続や繁栄を支える資産の維持や増大に強い関心を持つとともに，比較的長期の視点に立った経営の意思決定ができるのである[5]。

　地域を拠点に代を重ねて事業を営み，第二創業に成功したファミリービジネスの経営は，アントレプレナーシップを発揮した新商品開発，特に独創的な製品やサービスの開発力向上に取り組むマネジメントと，その背後にあるファミリー特有の意思決定や行動原理と密接に関連するはずである。ファミリービジネスの企業家活動（ファミリーアントレプレナーシップ）に関しては，近年，日本の学際的研究に一定の進捗が見られるものの，その歴史的な役割に比べて

研究蓄積の浅い分野であることも否めない。ファミリーアントレプレナーシップは，現経営者の背後にあってファミリーが歴史的に形成してきたアイデンティティや，ファミリーならではの影響力との関係から十分に分析されているとは言いがたいのである。

　ファミリーアントレプレナーシップは，ファミリービジネスが長期の存続と価値の創造を実現するために，創業者から将来世代にわたって継承される企業家としての精神と活動を総体的に捉える概念である。

　本章では，まずファミリービジネスに関する基本的な分析枠組みを整理した後，本書の各章に共通する分析の視点として，比較的新しい社会情緒的資産（socio-emotional wealth: SEW）理論を紹介し，事業経営の革新性や独自性につながる企業家活動の概念について整理しておこう。

2　ファミリービジネスの基本的分析枠組み

(1)　ファミリービジネスの定義：同族所有と同族経営

　ファミリービジネスの定義は，先行研究によって様々であるが，Gersick, et al.（1997）の主張した，「ファミリー」「ビジネス」「オーナーシップ」の3つの要素で構成されるという点は，共通の基盤になっていると言っていいだろう。一般的には，株式公開企業であるか非公開企業であるかにかかわらず，一族が株式または議決権の最大部分を握り，1人または複数の親族が経営の要職に就いている企業と定義できるが，後藤監修（2018）では，時間的な経過を考慮に入れて，「ファミリーが同一時期あるいは異なった時点において役員または株主のうち2名以上を占める企業」と定義している。

　また，倉科（2003）は，①事業承継者としてファミリー一族の名前が挙がる，②ファミリーが資産形成目的ではなく，義務として株式を保有する，③ファミリーが重要な経営トップの地位に就いているという3つのいずれかに該当する

場合でよいとして，ファミリー企業を創業者企業と家族企業に分け，後者を「創業者の引退もしくは死去後，創業者の家族によって所有され，経営されている（場合によっては専門経営者とともに）企業」とする。

　本書では，もう少し緩やかに捉えて，創業者あるいはその一族（創業家）が株式の相当な量を所有する，あるいは創業者一族が経営者の地位にあって経営に大きな影響を及ぼす企業と考えよう。

　ファミリービジネスは，創業家が株式の一定比率以上を保有し，主要株主として間接的に関与する「同族所有（family ownership）」企業と，社長や副社長などの経営会議のメンバーに創業家から名を連ね，経営に直接関与する「同族経営（family management）」企業とに分けて考えられる。「同族所有」企業では，一般的には株式の保有比率が高いほど議決権の比率も高くなる。日本では，別会社や財団の形式で創業家が名義を変えて出資することも多い。他方，「同族経営」企業では，取締役会の中に占める創業家出身の役員が多いほど，もしくはその序列が高いほどファミリーが経営に強く関与できる。

　日本のファミリービジネスに関する入山・山野井（2014）の研究では，①創業家が20％以上の株式を保有するような同族所有の企業が他国と比べて少ない可能性があるが，同族所有の企業で一定比率以上の株式を保有していれば，そうした企業のほぼすべてで創業家が経営に関与している，②日本では同族所有比率が低いにもかかわらず，経営陣に創業家から人材を送り込んでいる企業が他国と比較して多い可能性があるという特徴を指摘している。

　この研究は，2011年の日本の上場企業100社（医薬品7社，機械18社，自動車4社，小売61社，食品10社）のデータをもとに，創業家の出資比率が5～20％の「低レベル同族所有企業」（63社）と20％以上の「高レベル同族所有企業」（27社）に区分して分析し，「低レベル同族所有企業」のうち41社（65％）で創業家から社長を輩出している点を指摘して，日本では低い出資比率でも「同族経営」がなされており，創業家が所有比率に反して経営に強く関与する可能性があるとしている[6]。

　こうした発見事実は，創業家の所有比率が高くとも「同族経営」ではない世

界的な小売業のウォルマートなどとは対照的である。逆に，トヨタ自動車のように，企業規模が拡大して創業家の所有比率が低くなっても，経営者を輩出し続ける日本企業は珍しくなく，社会的にもそれほど意外性を持って受け止められていない。さらに，持ち株比率で見た所有比率，取締役会で創業家出身役職者が占める割合や，その序列で見た経営比率で過半数を占めるかどうかといった形式的基準のみで判断するのではなく，実質的な影響力を考慮する必要性が実証研究で確認されている（山田他，2015）。

　創業家とその一族が所有，経営する中小企業は多くあるが，日本では，歴史的，社会的な経緯から海外と比較して同族所有よりも同族経営の特性が強く，創業者一族から経営者を輩出しやすい環境にあるという指摘はできるだろう。ただし，所有比率が低いにもかかわらず，なぜ創業家から経営者を輩出し続けられるのかという問いは残る。

　また，ファミリービジネスを対象とする研究では，地域性を考慮した分析の必要性は明らかである。2018年版ファミリービジネス白書では，上場企業全体に占めるファミリービジネスの比率は52.9％であり，上場ファミリービジネス1,876社の証券市場別に占める比率では，地方単独（68.5％）が最も多く，次いで新興市場（61.5％），東証二部（57.6％）の順となり，東証一部（46.9％）が最も低いと報告されている[7]。東証一部や東証二部の上場銘柄のように企業規模が大きくなるにつれて，第三者の出資比率が高くなり，創業家の持株比率の希薄化によってファミリービジネスの比率は低くなっている。

　他方，地方市場におけるファミリービジネスの比率の高さは，ファミリービジネスが地域に根ざしている証左の1つと考えられる。また，地方市場におけ

||| 図表1-1　地方市場におけるファミリービジネス（FB）と一般企業の業績比較（％）

	総資産事業利益率	営業利益率	流動比率	自己資本比率	固定比率	固定長期適合比率	平均投資収益率
FB	4.37	5.97	353.69	53.71	124.01	75.81	1.04
一般企業	4.16	5.64	256.01	54.07	98.27	59.57	1.13

出所：後藤監修（2018）巻末資料（pp.207-213）をもとに作成

る収益性や安全性の指標では，ファミリービジネスが一般企業に比して優位な結果を示し，その存在感の大きさを反映している（**図表1-1**）。次に，これまでの主要な研究から，ファミリービジネスの経営特性に関する基本的な分析枠組みを見ておこう。

(2) ファミリービジネスの基本モデル

ファミリービジネスの経営特性を分析するための基本的な枠組みについては，スリーサークルモデル，４Ｃモデル，パラレル・プランニング・プロセスなどが提起されている。まず，これらを簡潔に見てみよう。

① スリーサークルモデル

スリーサークルモデルは，ファミリービジネスを前述した「ファミリー」「ビジネス」「オーナーシップ」の３つの要素から構成されるとする経営モデルである[8]。このモデルでは，ファミリービジネスに関わる人々が，重なり合う３つのサブシステムによるセクターのいずれかに位置づけられて問題解決に関わると捉えられ，ファミリービジネスに内在する複雑な相互作用の分析に資するとされる。このモデルでは，ファミリーは，創業者の理念，家訓，創業者とその家族ならびに創業家一族の関係性などを内包し，それらがファミリービジネスの特徴を生み出して経営に大きく影響すると考える。

スリーサークルモデルは，ファミリーが事業経営とその所有の問題にどのように関わるのかについて，経済的な合理性とともに，創業期から継承するファミリー固有の理念などの要素を考慮した複雑な舵取りが求められることを概念的に示して広く受け入れられている。

このモデルは，創業家の直系血族による経営から従兄弟などを含む広い意味でのファミリービジネスになっていくというファミリービジネスの時間的経過による変化について，ファミリー，ビジネス，オーナーシップの３次元から分類するスリー・ディメンジョン・モデルへと展開されている。

② 4Cモデル

イケア，ウォルマート，ミシュランなど高い業績をあげた欧米のファミリービジネス24社の事例研究をもとに，ファミリービジネスの経営の特性を見出そうとした4Cモデルが提唱されている[9]。4Cモデルは，ファミリービジネスの経営が，continuity（継続性：夢の追及），community（コミュニティ），connection（関係・間柄），command（独立的な行動と適応）の4つの特性の組み合わせで成り立つとし，各々の頭文字Cを取って命名された。

このモデルでは，ファミリービジネスのガバナンスの構造が業績や長期の存続に影響し，高い業績を長く維持するファミリービジネスは，専門経営者による経営とは異なった論理を持つとする。4Cモデルは，4つのCのバランスを重視し，いずれかに経営が偏らないことをファミリービジネスの経営の要諦と指摘している。

③ パラレル・プランニング・プロセス

ファミリービジネスが創業期から継承する固有の価値観やビジョンに基づく経営の優先順位は，現実のビジネスの論理やシステムと相容れない場合が珍しくないはずだ。Carlock and Word（2010）は，ファミリーの機能やビジネスの業績を改善する有効な手段が，コミュニケーション，プランニング，ガバナンスであり，ファミリービジネスの成長プロセスでのファミリーの社会的な影響力や貢献の維持には，将来を見据えたプランニングや意思決定が必要であるとし，これらを並行的にプランニングするパラレル・プランニング・プロセス（parallel planning process）を提唱した[10]。

パラレル・プランニング・プロセスは，効果的なプランニングが実行可能なツールやモデルが，ファミリーとビジネスの双方のシステムが複雑になるほど必要になるという問題意識の下で，①ファミリーの共有する価値観についてメンバー間で合意，②ファミリービジネスのビジョンの策定，③ファミリーの参加とビジネス戦略のプランニング，④財務的・人的資本への投資，⑤良好な業績の持続のためにファミリーとビジネス双方のガバナンスの確保，という互い

に関わる5つのステップから構成される。

　パラレル・プランニング・プロセスは，ビジネスとファミリーに関する戦略的な行動を調整し，ビジネス上のニーズとファミリーの期待の整合性を図ろうとする。実践においては，ファミリーメンバー同士のコミュニケーションが促され，さらには，ファミリーメンバーと経営陣との間で，ビジネスの持続的な成長とファミリーの調和にとって不可欠な要素について共通の認識が形成されることが期待されている。

　ファミリービジネスのアイデンティティを維持し，ファミリーメンバーのコミットメントと貢献を継続するには，創業時の価値観を後継者世代が継承して環境の変化に適合させる必要がある。だが，第二世代以降のファミリーメンバーに対して，高いコミットメントを求めるのは必ずしも容易ではない。ファミリーメンバーのコミットメントの程度が，所有と経営の分離やファミリー内の世代交代によって低くなっていくことは否定できないのだ。

　パラレル・プランニング・プロセスでは，明確な価値観とビジョンに裏打ちされたプランニングによって，ビジネスに関与するファミリーメンバーが，ファミリー内の合意によって利害関係の調整や環境変化に対応した経営に強く影響を与えられると考える。単に従前の経営を墨守するのではなく，ファミリービジネスをプランニングするという発想が，ファミリーメンバーの継続的コミットメントにつながっていると考えられるのである。

　以上のように，これらのモデルは，ファミリーが経営に深く関わるがゆえに，ファミリービジネスにおける戦略的行動，とりわけ事業展開における不確実性やリスクテイキングに関する活動には，ファミリーの情緒的側面からの関与による複雑さや不確実性が生じることを示唆している。それでは，非ファミリービジネスとの違いはどのような視点から考えればよいだろうか。次に，その代表的な理論として，社会情緒的資産理論を見ておくことにしよう。

3 社会情緒的資産理論の視点

(1) 社会情緒的資産の概念

　ファミリービジネスと非ファミリービジネスの経営の意思決定がどのように異なるのかについて，近年，社会情緒的資産理論が提起されている（Gomez-Mejia, et al. 2007；Gomez-Mejia, et al. 2011）。社会情緒的資産は，「ファミリービジネスであるがゆえの情緒的な資産（affective endowments）」[11]であり，社会情緒的資産理論は，ファミリービジネスを所有する創業者一族が，事業を通じて得られる非財務的な価値の追及を優先するという視点でファミリービジネスの行動を説明する。

　ファミリービジネスが，「ファミリーとして分かち合ってきた歴史やアイデンティティ，ファミリーだからこそ通じる言葉によって特殊な強さを身につけている」と考えるのは不合理なことではない[12]。淺羽（2015）は，社会情緒的資産を「アイデンティティ，ファミリーの影響力を行使する力，ファミリーによる永続的支配といった，ファミリーの情緒的なニーズを満たすものを意味する」としている[13]。

　社会情緒的資産理論では，ファミリービジネスは，ファミリーの生来的で断ちがたい感情的なつながりが，ビジネスの側面に入り込んで複雑に絡み合うことによって，財務的な価値の追求だけで説明できない独自の経営特性を持つと考える。Gomez-Mejia, et al.（2007）は，社会情緒的資産の減少や存続の危機を避けるため，リスクの内容によって受動的もしくは回避的になるというファミリービジネスのリスクに対する態度を分析している。

　さらに，Gomez-Mejia, et al.（2011）は，ファミリービジネスを他の組織形態（organizational forms）と区別する特性として，先行研究のレビューから企業経営における非経済的な要因の役割が強調されてきたと指摘し，ファミリーが長い歴史と永続的記憶を伴う社会集団であることによる強い情緒的な

ニュアンス（strong emotional overtone），ファミリー独自の特異な（idiosyncratic）価値観の浸透，ファミリーオーナー間での利他的な行動（altruistic behavior）を挙げている[14]。

　これらの研究からは，ファミリービジネスの経営特性を説明するために，「経営陣の社会情緒的資産の保持，増強に関する欲求と意思決定の関係」を軸にして，**図表1-2**の概念モデルが提示されている[15]。以下では，そのモデルについて少し詳しく見ておこう。

　ファミリービジネスの経営陣には，「社会情緒的資産を保持したい，増やしたい」という欲求がある。一方，非ファミリービジネスの経営陣には，本来的にそうした欲求はない。このようなファミリービジネス特有の社会情緒的資産

||| 図表1-2　社会情緒的資産（SEW）の概念モデル

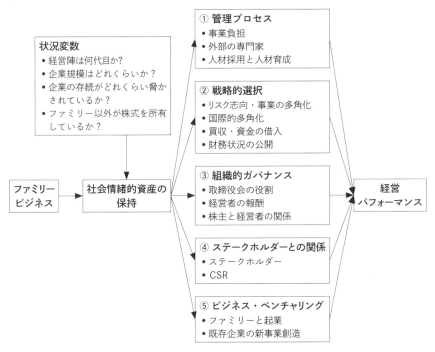

出所：Gomez-Mejia, et al.（2011）のFigure1（p.657）を訳出の上，引用。

に関する欲求を「原因」として，ファミリービジネス特有の非経済的な意思決定という「結果」が生じ，そうした意思決定の延長線上に，ファミリービジネスと非ファミリービジネスの経営パフォーマンスに差異が生じる。これが，**図表1-2**で提示された社会情緒的資産の概念モデルの骨子である。

　現実には，社会情緒的資産の保持や増強に関する欲求が強いファミリービジネスもあれば，弱いファミリービジネスもある。では，ファミリービジネスの社会情緒的資産に対する欲求の強弱は，いかにして決まるのだろうか。Gomez-Mejia, et al.（2011）は，「経営陣が何代目か」「企業規模はどれくらいか」「企業の存続がどの程度脅かされているか」「家族以外の株主が存在するか」というファミリービジネスの内外にある様々な「状況変数（contingency variables）」が，社会情緒的資産の保持や増強に関する欲求水準に影響を与えるとする。

　一般論として考えれば，創業者から代替わりが進むほど，また企業規模が大きくなるほど，社会情緒的資産の保持や増強に関する欲求は弱まっていく可能性が高いだろう。もちろん，ファミリービジネスの経営陣といえども，事業の存続が脅かされると，社会情緒的資産に関わる欲求を抑えて生き残りを図るようになる。また，ファミリー以外の人が株式を所有すれば，当然のことながら，社会情緒的資産の保持や増強という非経済的な意思決定は抑制されるようになるはずだ。

　Gomez-Mejia, et al.（2011）は，これまでの研究を紐解きながら，**図表1-2**に示されたように，企業経営に関わる意思決定を，①「管理プロセス（management process）」，②「戦略的選択（strategic choice）」，③「組織的ガバナンス（organizational governance）」，④「ステークホルダーとの関係（stakeholder relationships）」，⑤「ビジネス・ベンチャリング（business venturing）」の5つの側面に分類し，社会情緒的資産の保持や増強に関する欲求とそれらの意思決定がどのように関係するのかを示している。以下，Gomez-Mejia, et al.（2011）に沿って整理しておこう。

①　管理プロセス

　ファミリービジネスの経営陣は，ファミリーの中から事業承継者を選ぼうとし，外部の専門家の招聘を忌避して，ファミリーの価値観に重きを置いた人材の採用や育成を実施する。

②　戦略的選択

　ファミリービジネスの経営陣は，経営成果が良くなるかどうかではなく，社会情緒的資産を保持，もしくは増強できるか否かで様々な戦略的選択を行い，経営の舵取りをしていく。社会情緒的資産の保持や増強につながるならば，積極的に経営上のリスクをとることもある。具体的な例では，ファミリービジネスは，事業の多角化に消極的である場合が多い。なぜなら，事業の多角化には，銀行からの借入による外部資金の導入や外部の専門家の招聘が必要であり，また，事業の多角化を目的とした新商品開発や新市場への参入によって，これまでの経営を変更せざるを得なくなるなど，一連の決定がすべて社会情緒的資産を減退させる恐れがあるからである。

　さらに，事業の多角化による国際展開は，成長戦略の魅力的な選択肢ではあるが，ファミリービジネスにとって「もろ刃の剣」でもある。多角化による国際展開には，外部資金の導入が必要になり，ファミリーが進出分野の海外市場に十分な知見がない場合，外部の専門家を招聘せざるを得ない。ファミリービジネスにとって，事業活動の地理的範囲の拡大というリスクに加え，社会情緒的資産減少のリスクが生じるのである。

　ファミリーに何らかの海外経験がある場合でも，海外市場の開拓に必要な情報収集には専門人材が必要となるはずだ。そもそもファミリービジネスは，多角化の手段となる他社の買収と，それに必要な銀行からの資金借入自体に消極的だろう。また，ファミリーの良い評判やイメージを守るために，自社の売上や利益がどれくらいなのかという財務情報を正直に公開しようとするが，ここにも社会情緒的資産の保持や増強が意図されていると言っていいだろう。

③ 組織的ガバナンス

　ファミリーは，社会情緒的資産の保持や増強に結びつく戦略をとるために，取締役会の多数を占めようとする。ファミリービジネスでは，ファミリーメンバーの経営者の報酬が，メンバーでない経営者の報酬よりも低いことは珍しくない。これは，経営者がファミリーメンバーの場合，「先祖から受け継ぐ資産を守る」「ファミリーの義務を遂行する」といった役割を果たすことが期待されているからである。ファミリーメンバーの経営者には，「ファミリービジネスに貢献している」という社会情緒的資産につながる満足感も生まれるだろう。これらの特徴から，Gomez-Mejia, et al.（2011）は，経営者と株主の関係に「ファミリーの血の絆」が組み込まれていると主張する。

④ ステークホルダーとの関係

　Gomez-Mejia, et al.（2011）は，社会情緒的資産がファミリービジネスとそのステークホルダーとの関係にも介在すると指摘する。ファミリービジネスにとって，何よりもまずファミリー自体がステークホルダーであり，ファミリーは往々にして株主でもあり，また従業員でもある。

　さらに，ファミリービジネスでは，ファミリーの良い評判を堅持するために，顧客や外注先と長期的な関係を構築しようとし，それが経営上の「保険」にもなる。もちろん，ファミリービジネスは，長期的視点から物事を考えるため，そうした関係性を構築できるとも言える。加えて，ファミリービジネスは社会的にも，地理的にも，地域に埋め込まれ，そこでの評判が経営を進めていく上で重要になる。これらのことから，ファミリービジネスは，非ファミリービジネスと比べて，社会的責任（corporate social responsibility：CSR）により重きを置き，関与を強めようとする傾向がある。

⑤ ビジネス・ベンチャリング

　社会情緒的資産は，起業や既存のファミリービジネスにおける新事業の創造にも関わっている。たとえば，起業して間もない企業は資金や場所，人材と

いった経営資源の不足に悩むことになるが、ファミリーは往々にして起業に関わり、協力し、資源の不足を補い、次の世代に継がせたいと考える。ファミリービジネスが新たな事業を行う際には、「ファミリーに適切な地位を提供したい」という想いが原動力になる。すなわち、ファミリービジネスにとって、新事業の創造はファミリーの情緒を基盤にしてなされる面があり、社会情緒的資産を保持し、増強させる戦略の1つとなるのである。

　Gomez-Mejia, et al.（2011）の示す企業経営に関わる5つの意思決定の前段階には、「社会情緒的資産を保持、増強したい」というファミリーの欲求がある。**図表1-2**の概念モデルは、ファミリービジネスの経営上の意思決定が、基本的には「社会情緒的資産を保持、増強できるかどうか」に立脚して行われることを示唆し、社会情緒的資産の保持や増強を基盤とする経営の意思決定こそが、ファミリービジネスの業績に影響を与えると考えるのである。

(2)　社会情緒的資産理論の課題

　社会情緒的資産理論では、非ファミリービジネスは、経済合理性を最優先して「財務的な効用」を追求し、そのメンバーが自己の利益を第一義的に考えるのは自然なことと捉える。それとは対照的に、ファミリービジネスは、事業の存続による一族の永続を第一義的に考え、そのためにはファミリー内で自己献身的に行動することも厭わない。

　入山・山野井（2014）は、Gomez-Mejia, et al.（2007, 2011）の研究から、「非財務的な効用（non-financial utility）」として、①ファミリーのアイデンティティを企業と強く結び付けようとする「企業への強い感情的な結びつき」、②ファミリーの最大の関心が永続性にあるがゆえの「事業による一族の永続」、③ファミリー内の結束と互いの助け合いのための「創業家内での利他主義」を挙げている。

　しかし、社会情緒的資産理論の視点や概念モデルには、課題となる論点が残されている。たとえば、奥村（2015）は、社会情緒的資産理論の有用性を認め

てその可能性に期待しながらも，ファミリービジネスの失敗やファミリービジネスの経営成果の優位性の問題に対する限界を指摘している。

　海外の研究では，Gomez-Mejia, et al.（2011）の概念モデルに対して，その有用性や概念自体の拡張に関する批判的検討がなされている。Miller and Le Breton-Miller（2014）は，社会情緒的資産がファミリービジネスに関わる現象を効果的に説明する概念であると評価しながらも，この概念の多様性に関する議論を深める必要があると問題提起し，社会情緒的資産に基づくファミリービジネスの行動が，積極的ならびに消極的な側面の二面性を持つと主張する。ここでは，Miller and Le Breton-Miller（2014）に沿って，課題となる論点を見ておこう。

①　ファミリービジネスの富の獲得や利用に関する論点

　ファミリービジネスの富の獲得や利用に関する積極的側面としては，後継世代や地域社会への貢献を目的として長期的な利益を獲得しようとする行動が挙げられる。他方，消極的側面としては，富の獲得を目的とするがゆえに，ファミリーのエゴを満足させるような機会主義的行動をとることが挙げられる。

②　ファミリーメンバーのライフサイクルの違いに関する論点

　たとえば，現経営者が比較的若ければ，リスク志向的な行動をとる場合があるだろう。逆に，後継世代への継承を間近にしている段階であれば，リスク回避的な行動をとるかもしれない。

③　ファミリービジネスに関わる利害関係者の多様性に関する論点

　ファミリービジネスには，所有と経営の両方に関与するメンバー（所有経営者），所有のみに関与するメンバー（株主），経営のみに関与するメンバー（非ファミリーの従業員など）がいる。地域社会，取引先や顧客なども関わっている。ファミリービジネスの内部や外部の利害関係者間の相互作用によって，組織のとりうる行動が異なってくる可能性があるのだ。たとえば，ファミリーメ

ンバーによる経営は，スチュワードシップ（stewardship）を通じて長期的視野に基づく持続的経営に繋がる反面，身内びいきの問題や経営者に頼りがちになる傾向が強く，非ファミリー従業員の仕事意欲を低下させる可能性もある。

　また，社会情緒的資産に基づく行動がファミリービジネスにとって効果的に機能するかどうかは，ファミリービジネスの置かれている経営環境に依存する。安定的な経営環境にあるファミリービジネスであれば，社会情緒的資産がうまく機能する可能性があるが，逆に，不確実性が高い経営環境にあるファミリービジネスであれば，社会情緒的資産による負の効果が生じる場合があるだろう。

　こうした議論から，Miller and Le Breton-Miller（2014）は，ファミリービジネスにとって，短期的利益の追求につながりやすい社会情緒的資産（限定的社会情緒的資産：Restricted SEW）と，多様な利害関係者にとっての永続的利益の追求につながる社会情緒的資産（拡張的社会情緒的資産：Extended SEW）という2つの類型を提起して，社会情緒的資産の概念を整理している（**図表1-3**）。

　Miller and Le Breton-Miller（2014）は，**図表1-3**のようにGomez-Mejia, et al.（2007）の議論をさらに深め，社会情緒的資産概念の多様性を認識することなく，ファミリービジネスの強みの源泉を社会情緒的資産に求めるべきではないとしている。ファミリービジネス独自の経営の強みは，**図表1-3**の「限定的SEW」ではなく「拡張的SEW」に基づく長期的，永続的な利益に資する行動に依拠するという可能性を主張しているのである。

　しかし，Miller and Le Breton-Millerの主張は，概念的なレベルを脱していないという限界があり，その意味では，今後の実証研究の進展が待たれる。とりわけ，社会情緒的資産の成果として，利害関係者や地域社会との関係性が挙げられているが，地域社会における人的なネットワークは，事業の取引関係による成果であると同時に，地域に埋め込まれた資産としての側面もある。

　グローバル企業となったトヨタ自動車の本社所在地が，現在も愛知県豊田市であるという事実があり，社会情緒的資産の形成については，当該ファミリービジネスが長く活動してきた地域との関係性を考慮すべきことは明らかである。

図表1-3　社会情緒的資産の2類型

	限定的SEW	拡張的SEW
典型的なSEWの優先事項	・現世代のファミリーメンバーに対する雇用保証 ・現世代のファミリーメンバーにのみ許される経営資源の利用	・意欲的な後継世代による永続的な繁栄 ・永続的に企業を存続成長させる意思
主要利害関係者	身近なファミリーメンバーのみ	世代を超えて事業に関与するファミリーや利害関係者
関連理論	・エージェンシー理論 ・ファミリーの利他主義	・スチュワードシップ理論 ・ステークホルダー理論 ・企業の持続可能に関わる理論
ガバナンス計画	・能力の有無に関係のないファミリー主導のリーダーシップによるもの	・有能かつ意欲的なファミリーメンバーによるもの ・経営幹部や取締役におけるファミリーと非ファミリーによるバランス
戦略的成果	・戦略上の保守主義や停滞 ・事業投資の少なさ ・リスク回避的な行動 ・ファミリーによる内部金融	・製品やプロセスへの多額の投資 ・ビジネスの継続的な再投資とその事業リニューアル
商業的成果	乏しい成長と存続	優れた成長と存続
SEW的成果	・ネポティズム ・組織の硬直化 ・ファミリーによる会社支配	・製品におけるファミリーの誇り ・利害関係者や地域社会との関係性

出所：Miller and Le Breton-Miller（2014）のTable1（p.717）を訳出の上，引用。

とりわけ，ファミリービジネスには，創業以来，重代で特定の地域を活動拠点として歴史を刻んできた企業が多い。ファミリービジネスが社会の大きな構造変化に対応して長く存続してきたことには，立脚する地域の歴史的，社会的な要因とその地場産業内の取引関係やネットワークが大きく影響していたはずである。

　次に，経営戦略論の視点から地域との歴史的，社会的な関係に焦点を合わせ，ファミリーアントレプレナーシップ，とりわけ中小ファミリービジネスの企業

家活動について考えてみよう。

4 ファミリービジネスの経営戦略と地域性

ファミリービジネスの経営戦略については，Miller and Le Breton-Miller（2005）が，長期間存続するファミリービジネスは固有の戦略を持つとし，5つのタイプの戦略を提示した[16]。それらは，①ファミリービジネスの会社名や屋号を戦略の核とするブランド戦略，②熟練の技能を中核とするクラフトマン戦略，③生産や販売での極めて高い効率性の達成を競争優位の源泉とするオペレーション戦略，④画期的な新製品を連続して生み出す高い研究開発力を競争力とするイノベーション戦略，⑤時代の要請やニーズの変化に対応して事業を創出し，業態を変えるディールメーカー戦略である。

これらの戦略には，クラフトマン戦略とブランド戦略のように日本の地場産業の企業や老舗企業の戦略と親和性のあるもの，イノベーション戦略のように研究開発力のある医薬品企業の戦略と符合するものもある。また，複数のタイプの特徴を併せ持つファミリービジネスの戦略もあるだろう。これら5つの戦略は納得できるものであるが，ファミリービジネスが拠点としてきた地域との関係性を必ずしも明示していない。

経営戦略論では，企業や病院などの組織による生存領域の選択をドメインの定義と呼ぶ。金井（2016）は，戦略論の視点から地域（社会）を「企業にとってドメインの定義によって選定した直接的な環境の一部」と捉え，地域企業（regional company）を「本社を特定の地域に置き，主としてその地域の多様な資源を活用したり，その地域独自のニーズを持つ製品やサービスを提供するなど，地域に立地する優位性を生かしている企業」と定義した[17]。さらに，その戦略的な特徴として，①地域独特のニーズを発見し，そのニーズに応えるような事業を創造し，展開していること，②地域の資源を活用すること，③ネッ

トワーク創造（活用）による連携戦略，の3つを挙げている[18]。

　金井は，地域企業には地域社会の中で地域の多様な問題を解決して，経済的，社会的，文化的に豊かな地域へ導く中核となることが期待されるとする。そのためには，地域の潜在的ニーズに対して従来の慣行に囚われることなく，柔軟に対応できる創造的で持続性のある企業家活動が求められるだろう。

(1) 地域企業としてのファミリービジネス

　地域を拠点とするファミリービジネスの多くは中小企業であり，その経営者は，「顔の見える取引関係が成立する独自の歴史，文化，地理，資源を共有する空間的な範囲」の地域を本拠にして活動し，「地域にコミットメントすることから，企業家活動の駆動力・指針・資源を引き出す」という地域企業家[19]として捉えられ，そのほとんどが地場産業を構成する。

　山崎（1977）の実証的な研究によると，地場産業は，①特定の地域に起こった時期が古く，伝統のある産地である，②特定の地域に同一業種の中小零細企業が地域的企業集団を形成して集中立地している，③生産・販売構造が社会的分業体制を持っている，④他の地域ではあまり産出しない，その地域独自の特産品を生産している，⑤市場を広く全国や海外に求めて製品を販売している，という5つの特性を備えている[20]。

　さらに，山崎は地場産業の社会的分業体制に焦点を合わせて，各々の産地に埋め込まれた分業構造の違いから，①地場産業の存立形態が多種多様であること，②生産の部分工程を専門に担当する専門業者が存在すること，③生産の分業体制の扇の要的な地位に位置する統括者としての産地企業が存在すること，④統括者としての産地企業と専門業者としての産地企業の間に支配従属関係があること，⑤産地企業は統括的な企業と専門業者のいずれも零細であること，⑥細分化された生産工程を担当する専門業者や家庭内職群が産地内の多数派を占めること，⑦専門業者の生産方法がきわめて労働集約的であること，という7つの特徴を明らかにしている[21]。

　地場産業を構成するファミリービジネスは，産地の分業構造に組み込まれ，

地域に埋め込まれた存在となっていると言えるだろう。その経営者は，産地の社会的，歴史的なコンテキストの中で事業を承継した地域企業家である。

これまでの事例研究からは，日本のファミリービジネスの経営戦略が，「利益よりも存続」「競争よりは共存」を目的とし，重代で継承する経営理念やコアバリューと，基軸となる技術によるイノベーションによって差別化を図り，その際，地域の取引関係者からの支持と社会的な牽制が触媒となることが指摘されている[22]。とりわけ，経営資源の豊富な蓄積のない中小ファミリービジネスが長く存続できた理由は，地域企業家として事業の永続性を事業利益や総資産の最大化よりも重視してきたからであろう。このことは，社会情緒的資産理論の視点とも符合する。

⑵　ファミリービジネスと地場産業のイノベーション

地場産業を構成する中小企業のイノベーションをファミリービジネスとの関わりで捉える視点からの研究は，日本においては比較的近年になって活性化している。1999年改正の中小企業基本法では，旧来の「二重構造論」に代表される「低賃金に依存する近代化の遅れた中小企業」（黒瀬, 2011）といった見方からの転換が図られた。そこでは，中小企業の新たな政策的役割として，「地域経済社会発展の担い手」が「イノベーションの担い手」「市場競争の苗床」「魅力ある就業機会創出の担い手」とともに列挙された（中小企業庁, 2000）。

具体的には，中小企業は「地域経済に密着するとともに，地域の産業集積，商業集積の中核をなす存在」であり，「地域経済の活性化の牽引力となるとともに，様々な場面で地域社会に貢献する」存在として，位置づけられたのである。こうした中小企業観の変化は，下請系列関係や町工場，産業集積，商店街などを対象にした伝統的な中小企業研究の成果が結実したものとしても捉えられる。冒頭で指摘したように，中小企業のほぼすべてはファミリービジネスであり，中小企業政策における「地域経済社会発展の担い手」という言葉の背景には，ファミリービジネスとしての論理と行動が色濃く介在しているのである。

中小ファミリービジネスは，日本の各地域に様々な経緯を経て埋め込まれ，

諸々のステークホルダーと多様な関係性を構築している。たとえば，日立市や豊田市といった企業城下町では，大企業の下請量産工場と取引している（山本，2010）。また，大田区や東大阪市などの都市型集積では，町工場として仲間取引の関係を構築している（加藤，2009；額田・首藤・岸本，2010）。鯖江市や高岡市，燕三条地域といった産地では，地場の企業として元請企業や産地問屋，外注先と取引している（商工総合研究所，2009）。

このような有形無形の関係性の中において，中小ファミリービジネスは，社会情緒的資産を始めとするファミリーの論理に裏打ちされてファミリーアントレプレナーシップを発揮し，革新を成し遂げてきたのではないだろうか。

たとえば，その具体的な事例として，燃料噴射ノズルの製造で著名なプレス企業である，小松精機工作所（長野県諏訪市，1953年設立）が挙げられる。専務取締役の小松隆史は，2002年から独立行政法人物質・材料研究機構と超微細粒鋼および高窒素ステンレス鋼に関する産学連携を開始し，その研究は高く評価され，経済産業省の戦略的基盤技術高度化支援事業（サポイン事業），地域新生コンソーシアム研究開発事業に採択されている。

当該研究成果を基盤にして，小松は2013年に医療機器ベンチャー，ナノグレインズを立ち上げ，さらには「中小企業医療機器開発ネットワーク SESSA」を設立し，医療機器産業参入のため，地域の企業や公的機関と多面的に連携している。そして，小松の企業家活動とその延長線上にある研究開発や起業の背景には，小松精機工作所のファミリーの論理と一貫して拠点とした諏訪地域における製造業の歴史の介在が否定できない（山本・小，2019）。言い換えれば，小松専務の主導した小松精機工作所の地域における企業家活動の源泉として，社会情緒的資産の存在を想定できるのである。

5 ファミリーアントレプレナーシップと社会情緒的資産

　ファミリービジネスの存続は，自らが立脚する地域の歴史的ならびに社会的要因と深く関わる。地域における社会的な分業体制を有する地場産業について，加護野（2016）は，その産業システムが企業間の垂直的分業と長期継続的な取引関係に基づき，企業間の競争ではなく，取引企業間の信頼関係によって支えらえた協働のシステムとして捉えられるとし，地域の行動規範としての「地域文化」の重要性を主張する。事業の永続性を最も重視する経営方針に加え，「地場産業における相互支援を可能にする地域の産業システムと独特の文化」を長期間の存続の理由に挙げる[23]。

　たとえば，神戸の洋菓子産業の事例では，独立する菓子職人は修行した店の主人が了解した場所で営業する，修行した店と同じ商品は販売しないという2つの不文律があり，過剰な競争を抑制するとともに将来の競争相手であっても高い技術を習得させる。菓子職人のネットワークで交換される情報は，食材，容器，袋などの供給業者や店舗づくりに関わる業者と共有され，不文律は職人のネットワークだけでなく，業界に関連する業者の協力で成り立っている。この不文律に違反すると，業者は不文律に従わない菓子職人に協力しないという形でペナルティーが課せられ，地域の取引ネットワークから不利益を受ける[24]。

　このように，地域社会の利害関係が明確な契約や法律ではなく，地域の行動規範としての不文律（地域の不文律）によって律せられるとする加護野の主張は説得力がある。

　しかし，地場産業を構成する多様なファミリービジネスの新たな事業展開や第二創業という企業家活動がどのように関わっているのかについては，必ずしも十分に分析されているわけではない。ファミリービジネスが環境の変化に適合して長く存続できた理由は，単に先代の事業経営を墨守したからではなく，何らかの新機軸に取り組んできたことによるはずである。

次に，ファミリーアントレプレナーシップというファミリービジネスの企業
家活動について理論的な視点を踏まえて考えてみよう。

(1)　企業家活動と企業家的志向性

　20世紀を代表する経済学者の1人であるSchumpeter（1926）は，企業家を
「新結合の遂行をみずからの機能とし，その遂行にあたって能動的要素となる
ような経済主体」とし，企業家的機能の本質が「新結合」というイノベーショ
ンの遂行にあるとした[25]。イノベーションによる「非連続的で急激な変化」が
発展への契機となり，イノベーションの遂行が経済発展をもたらす原動力であ
るというのだ。

　Schumpeterは，企業家活動が，事業経営における適応的反応（adaptive
response）ではなく，創造的反応（creative response）と密接に関連するとす
る。創造的反応は，「経済，産業，あるいはその産業の中にある企業がそれと
は別の何か，既存の慣行を超える何かを行う場合」に求められ，既存の事実か
ら予測できないため，条件の変化に従前の慣行で対応するのではなく，その逸
脱もしくは変更を要する[26]。

　近年では，環境の変化に対して，企業家活動を主導する戦略的な姿勢や志向
性を保持する企業が，長期的に存続して発展するという企業家的志向性
（entrepreneurial orientation）の研究が注目されている。企業家的志向性は，
企業を成長軌道に乗せる戦略的な機動力（strategic engine）や発想（mind-
set）であり，中小企業の存続や成長に大きく影響することが実証研究で明ら
かにされている（江島，2018）。

　企業家的志向性の構成要素は，革新性（innovativeness），能動的な行動姿
勢（proactiveness），リスクテイキング（risk-taking）の3次元を中心に構成
される。経営者を核とした組織の戦略的な姿勢が，事業の継続と発展に必要で
あることは言を俟たないが，創造的反応による企業家活動は，企業家的志向性
の構成要素を際立った特徴として保持することが重要だろう[27]。

(2) ファミリービジネスの長期的志向性

　ボストンコンサルティンググループのKachaner, et al.（2013）の調査は，好景気の時には同族企業の業績は非同族企業よりも良くないが，不況期には同族企業の業績がはるかに良いことを明らかにしている[28]。1997年から2009年において，同族企業は対象国すべてで長期的な財務実績の平均を上回っていたのである。その理由については，同族企業のCEOにはファミリーに対して「義務感のようなもの」があることを指摘し，「同族企業が不況時に生き残る確率を高めるため，好況時に過剰な利益を計上しない」ことから，「同族企業は業績よりも再起力（resilience）を重視する」と主張している。

　同族企業は10年以上の長期を見据えた投資をすることが多く，それが次世代のファミリーの利得を重んじたものであることは納得できる。Kachaner, et al.は，同族企業の再起力を目指す経営の特徴として，①好況時も不況時も質素倹約に励む，②設備投資のハードルが高い，③負債がほとんどない，④買収をあまりしない（するとしても小規模），⑤多角化しているケースが驚くほど多い，⑥グローバル化が進んでいる，⑦競合他社に比べて人材の定着率が高い，という7つを挙げている。

　Kachaner, et al.は，これらの特徴が，一貫性や相乗効果を持っており，いずれか1つを徹底することで他の特徴にも従いやすくなり，互いを強化し合うと主張する。とりわけ，同族企業は，通常，金銭的なインセンティブに頼って人材の定着率を高めようとはせず，コミットメントの文化，目的重視の文化の構築，不況時のレイオフの回避，内部昇格，人材への投資を重視し，教育研修への支出が非常に多い。このことは，同族企業の経営者が，従業員の長い勤続期間をメリットと考え，互いの信頼関係の醸成や強固な組織文化の形成に繋げたいという意向を読み取れる。

　このように，ファミリービジネスは，経営に関して長期的志向性（long-term orientation）を持ち，事業としての存続や繁栄と同時にファミリーの存続と繁栄を求める。世代間の企業家活動（intergenerational entrepreneurship）の研究では，分析単位をビジネスの主体となるファミリーに置き，世代を跨ぐ長い

時間軸で事業活動を捉えて，ファミリービジネス固有の資源と企業家的志向性の関係が事業活動の成果に影響するという視点に立つ（Habbershon, et al, 2010）。

⑶　世代を跨ぐファミリーアントレプレナーシップ

　世代を跨ぐファミリーアントレプレナーシップは，ファミリービジネス研究で議論されてきた主要なテーマの１つである。企業が永続的に存続，成長するためには，時代に合致した経営環境への適応が必要である（Poza, 1988; Kellermanns and Eddleston, 2006）。初期の研究は，ファミリービジネスの中で，いかに環境適応行動がとれる後継者を育成できるかに関心が向けられた。Kellermanns and Eddleston（2006）は，ファミリービジネスが，保守的になりすぎることなく企業家的志向を高めるには，世代間による関わり合い，変革への意思，機会認識の能力を育む必要があるとしている。ファミリービジネスにおける世代間相互の関わり合いは，後継者の意思や企業家活動を生み出す母胎となるのである。

　それでは，ファミリーアントレプレナーシップは，どのように世代から世代へと永続的に連鎖するのだろうか。Zellweger, et al.（2012）は，保守的になりすぎず企業家的志向を高めるには，世代間による関わり合い，変革への意思，機会認識の能力を育む必要があるとするKellermanns and Eddleston（2006）の議論を発展させ，世代を跨ぐ企業家活動が組織の価値を創造し，ファミリービジネスの永続性を高めることを示した。

　創業世代から蓄積した資産は，ファミリーや個人とビジネスの間でのシステムの相互作用から生じる，企業に固有な資源の束であると考え，それをファミリー性と呼んだのである（Zellweger, et al. 2012; 後藤編, 2012）。

　ファミリービジネスの企業家活動は，ベンチャービジネスと比較すると，先代世代から受け継いだファミリー性を基盤とする点が優位性となる。他方，先代世代から蓄積した資源は，後継世代の制約的な要因となるとともに，後継世代の能動的行動を促進する要因ともなる（落合, 2016）。ファミリー性という資

源の束は，後継世代の経営者にとって，ファミリーへの愛着を生み出す源泉になるとともに，革新的な行動につながる企業家的志向性との相互作用によって組織の価値を創造できるのである（Zellweger, et al. 2012）。

　だが，それだけではない。ファミリー性は，ファミリービジネスの歴代経営者が，長期的な経営を志向することや世代を超えて組織の夢を追い続けるインセンティブを持つことにもつながる（Miller and Le Breton-Miller, 2005）。ファミリービジネスは，現世代の経営者ではなく，次世代のために事業の成長やイノベーションを育もうとする組織特性があると考えられよう（Zellweger, et al. 2012）。

　これまでの世代を跨ぐファミリーアントレプレナーシップに関する研究が示唆するように，創業期から継承する理念やビジョン，ビジネスに対する姿勢というファミリー内の不文律や慣行は，歴史的な資産としてファミリービジネスに蓄積されており，それらはファミリーアントレプレナーシップと不可分である。新機軸の商品開発プロジェクトや新事業を展開するファミリーアントレプレナーシップの背後には，社会情緒的資産を基盤とする長期的な志向性がある。短期的な成果を第一にすることなく，「利益よりも存続」「業績よりも再起力」という経営戦略の下で新機軸が遂行されると考えられるのである。

6 おわりに

　地域を拠点として，重代で長く事業を営むファミリービジネスは，世代間で継承する理念，基軸となる技術や技能を持っている。それらは，地域を拠点とした取引関係の中で価値が見出されてきたはずだ。とりわけ，100年を超える長寿企業には，地域における取引関係や歴史的，社会的な関係の中で長年培ってきた人的ネットワークがあり，そのネットワークを通じて得た情報や知識は，外部市場とつながる需要搬入企業との取引も含め，ネットワーク内の相手方と

の相互作用によって更新されることで信頼を蓄積してきたのではないだろうか。そうした資源は，取引活動を通じて地域の利害関係者に埋め込まれ，ファミリービジネス固有の資源として活用できるはずであり，社会情緒的資産の概念と親和性を持つと考えられる。

　しかし，社会情緒的資産理論の視点から，日本のファミリービジネスの企業家的な戦略の決定に関する事例研究の蓄積はほとんどない。ファミリーアントレプレナーシップの事例を分析する意義はここにある。

　本書で対象とするのは，社会情緒的資産を保持し，新機軸の商品開発や事業展開に成功したファミリービジネスの事例である。第2章以降では，社会情緒的資産理論を共通の視点として，対象事例の特性に適合する分析概念を考慮に入れ，企業家活動による新機軸をもとに地域活性化の先駆的な役割を果たすファミリービジネスの経営特性を考察する。

　事例分析の対象としては，福島県の大和川酒造店（第2章），岡山県の横山製網（第3章），富山県の能作（第4章），佐賀県の百田陶園（第5章），岐阜県の小林製麺（第6章）を取り上げて実地調査を行った。事例の選択にあたっては，地域の現状と政策課題としての重要性から考え，東京，大阪，名古屋，仙台，福岡，札幌などの大都市圏以外の地域，具体的には，東北，北陸，中部，中国，九州の中山間地域に焦点を合わせている。また，より広範なファミリービジネスを対象とするために，地場産業を構成していないがオンリーワン企業として創業し，地域に密着して事業を営むファミリービジネスも分析の対象とした。

　本書では，地域で長く活動してきたファミリービジネスの事例研究を通じて，社会情緒的資産と企業家活動との関連性について，理論的および実践的な示唆を得るとともに，ファミリーアントレプレナーシップを発揮して事業の存続と地域の活性化に取り組む，日本の各地域のファミリービジネスに意味のあるメッセージを送りたいと考えている。

注——————————
1 後藤監修（2018）4 - 5 頁。
2 "Family, Inc.," *Business Week, Issue3857*：11/10/2003, pp.100-110。
3 http://familybusinessindex.com/ 参照。このインデックスには，2015年の売上高をもとに世界のファミリービジネス上位500社がリストアップされているが，ファミリーが議決権の50％以上を持つ非公開企業と議決権の32％以上を持つ公開企業をファミリービジネスと定義していることに注意する必要がある。
4 ファミリービジネス白書企画編集委員会編（2018）pp. i -ⅲ。The International Family Enterprise Research Academy（IFERA）の元会長であるパニコス・ポッツィリスは，「ファミリービジネスは，国の社会経済の発展と企業成長における原動力のひとつとして評価」されているとさえ述べている。
5 長期間の開発や投資が必要な製薬業でファミリービジネスの比率が高い事実は，この点を示している。
6 入山・山野井（2014）26-29頁。法人税法上の同族会社は，2 条10号で「会社の株主等（その会社が自己の株式又は出資を有する場合のその会社を除く。）の三人以下並びにこれらと政令で定める特殊の関係のある個人及び法人がその会社の発行済株式又は出資（その会社が有する自己の株式又は出資を除く。）の総数又は総額の百分の五十を超える数又は金額の株式又は出資を有する場合その他政令で定める場合におけるその会社をいう」と規定され，一定数の株主や社員およびこれと特殊な関係にある者（同族関係者）が，株式の総数または出資金額の一定割合以上を占めている会社を指す。
7 後藤監修（2018）2 - 3 頁。
8 Gersick, et al.（1997）（邦訳）13-22頁。
9 Miller and Le Breton-Miller（2005）。
10 Carlock and Word（2010）（邦訳）13-16頁。
11 Gomez-Mejia, et al.（2011）p.654. 本書では，山田（2018b）5 頁の翻訳に依拠する。
12 Gersick, et al.（1997）（邦訳）9 頁。
13 淺羽（2015）24頁。
14 Gomez-Mejia, et al.（2011）pp.654-656.
15 Gomez-Mejia, et al.（2011）p.657.
16 Miller and Le Breton-Miller（2005）参照。
17 金井（2016）261頁，264頁。
18 金井（2016）267-268頁。
19 伊藤（2014）280-281頁。
20 山崎（1977）6 - 9 頁。
21 山崎（1977）92-97頁。
22 山田（2016b）71-79頁。コアバリューは企業とそこで働く人々にとって何が重要なのかを反映し，企業の意思決定や戦略立案の基礎となるだけでなく，従業員の活動やステークホルダー（利害関係者）との対話の拠り所となる価値観である。企業は規模の大小にかかわらず，コアバリューを持つ。
23 加護野（2016）164頁。
24 森元（2009）

25 Schumpeter（1977）（邦訳）198-199頁。対照的な企業家像は，Kirzner（1985）参照。
26 Schumpeter（1998）（邦訳）88-89頁。創造的反応の不可欠な特性として，少なくとも「関連するすべての事実を完全に承知している観察者の視点からすれば，必ず事後的に理解できるが，事前には絶対といっていいほど理解されない」すなわち「既存事実から推理するやり方では予測できない」こと，「創造的反応によって，それ以降の事象の進路とその「長期的」結果が決定される」すなわち「新たな状況を生じさせるものであり，それがなかったならば生じていたであろう状況からこの新たな状況へ橋渡しすることは決してできない」こと，「創造的反応，特にある集団におけるその発生頻度や強度，成否が程度の多少はあるにしろ，(a) 社会において利用可能な人材の質，(b) 人材の相対的な質，すなわち特定の活動分野で利用可能な人材の他の分野の人材との対比よる質，および(c) 個人の決定，行動，活動パターンに明らかに関連している」ことが挙げられている。
27 Miller（1983），Rauch, et al.（2009）参照。日本の実証研究でも，企業家的志向性の高い中小企業は経営成果も高いという結果が得られている。Yamada and Eshima（2017）参照。ファミリービジネスの企業家的志向性については，Lumpkin, et al.（2010）参照。
28 Kachaner, et al.（2012）（邦訳）114頁。この調査は，売上高10億ドル以上の上場企業149社を対象として，同一国同一産業部門の非同族企業と比較しており，一族は過半数ではなくともかなりの比率の株式を保有し，取締役会にも経営にも積極的に関与している。ただし，アジアは適切な比較群がないとして除外されている。

（山田　幸三・山本　聡・落合　康裕）

老舗酒蔵の
アントレプレナーシップと
地域貢献

1 はじめに

　日本には約25,000社以上の老舗企業[1]が存在する（ファミリービジネス白書，2018）。業種内訳では酒造業や旅館業などが上位に名を連ねている。これらの企業は地元地域に根ざしていることが多い。本章では，地域に根ざす老舗企業のことを地域型老舗企業と呼ぶことにしよう。地域型老舗企業は，なぜ数世代にわたって地元地域に根ざそうとするのだろうか。

　地域型老舗企業は，数世代にわたって地元地域に地縁や生活基盤を有することが多く，地域と密接な関係を保っていることが理由として考えられるだろう。地域の一次産業から原材料を仕入れ，地域金融機関から資本を調達し，地域から従業員を雇用している。地域に存在する伝統技術や地域ブランドに依存している会社も多い。反対に，長期間にわたって地域に雇用を提供し，地方自治体に納税を行っている。地域の顧客に製品サービスを提供することに加え，地域の取引先から購買することで地域活性化にも貢献している。

　しかし，企業と地域の相互依存関係だけでは説明できない現象もある。1つ

が，企業が地元地域に根ざす行動自体が非経済的になってしまう場合である。たとえば，最適な原材料調達を考えれば，供給先確保にあたって地元地域にこだわる必要はない。タックスヘイブンの観点からは，本社を地元から国外に移すことがより合理的だろう。現にグローバル企業は，調達先や市場の展開を世界の最適地に求める経営行動をとっている。2つ目が，地域との相互依存関係を超えた行動がとられる場合である。たとえば，地域型老舗企業の歴代経営者は地元の名士として道路や橋梁の整備など，本来行政が担うべき仕事を行うようなケースがある。なぜ地域型老舗企業は数世代にわたり地元地域に根ざし，時に本業の利益を犠牲にしても地元の利益に資するような非経済的行動を許容しうるのか。

　本章では，上記のような問題意識の下，最初に先行研究からの示唆と課題を整理する。次に，福島県喜多方市の大和川酒造店を研究対象に事例研究を行う。最後に，事例研究からの示唆を議論する。

2　分析の視点

(1)　社会情緒的資産と企業家活動

　第1章で詳しく見たように，Gomez-Mejia, et al.（2007）は，ファミリービジネスの意思決定は一般企業と同様に経済的であるべきとしつつも，意思決定の判断基準においてSEW（ファミリービジネスであるが故の社会情緒的資産）の保全が担保されることが重要という。地域型老舗企業の意思決定は，長期的に組織にとって経済的意思決定につながる一方，短期的に非経済的意思決定を内在しうる場合がある。

　Miller and Le Breton-Miller（2005）は，第1章の**図表1-3**に表したように，SEWの概念を制約的SEWと拡張的SEWに分けて整理し，議論している。制約的SEWは，ファミリービジネスのリスク回避的で消極的な事業投資行動，

硬直的な組織などにつながる可能性があるとされ，いわばファミリービジネスの経営行動の消極的な効果を示す。他方，拡張的SEWは，社会情緒的資産の積極的な効果を示すものであり，具体的には，意欲的な後継世代による将来への事業投資行動，企業を取り巻く利害関係者との良好な関係構築を示す。

　拡張的SEWは，Zellweger, et al.（2012）をはじめとする世代を超えた企業家活動の研究とも関連がある概念である。ファミリービジネスは，創業世代から蓄積された資産，ファミリーの憲章，歴史を持っている（Ward, 1987）。地域型老舗企業は，地元地域における創業世代からの蓄積資源（ファミリー性）を基盤に利害関係者と良好な関係を築きながら長期的な経営の志向性を有すると考えることができる。拡張的SEWや世代を超えた企業家活動の研究からは，本研究の問題意識の１つの側面を説明することはできる。

　しかし，これらの研究は，地域型老舗企業が時に本業の利益を犠牲にしても地元の利益に資するような非経済的行動を許容しうるのかという点について，説得的な解答を示しきれていない。自社の利益ではなく地域の利益を目的とする行動とは，いわば社会的な問題解決の行動も含まれる。次に，社会的問題の解決を行う社会企業家の研究について考察してみることにしよう。

(2)　社会企業家としての役割

　社会的問題の解決に向けて経営の仕組みを整備し，革新的な方策を実践する企業家を社会企業家という（山田・江島編, 2017）。Bornstein and Davis（2010）は，社会企業家の役割について，人と人を新しい方法で繋ぎ，これまでよりも上手に問題に取り組めるようにする，組織全体の足並みを揃える人物であると定義している。

　社会的問題とは，経済格差，地方の人口減少など，多岐に及ぶ。また，社会的問題は，政府・行政の活動と企業の活動との狭間に存在する課題である。代表的な事例としては，ノーベル平和賞を受賞したムハマド・ユヌスのグラミン銀行の取り組みが上げられる。深刻な貧困問題を抱えるバングラデシュにおいて，低所得者層に対する少額低利の自立支援融資を行った事例である。ユヌス

のような社会的企業家は，社会的問題を解決する人物であり，個別の企業を超えた多様な利害関係者の利益を実現する役割を担う。

　他方，社会企業家はたんなる地域貢献のようなボランティアの担い手ではない。ユヌスの場合も，貧困問題を解決すると同時に，グラミン銀行の活動を継続していくために収益を確保している。社会企業家の概念は，地域型老舗企業の経営者が地域の多様な利害関係者の利益に資する行動を説明することができる。

　しかし，地域型老舗企業は，あくまで営利企業であり，そもそも地域の社会的問題を解決する目的でつくられるわけではない。地域の利益に資する活動が，なぜファミリーによって数世代にわたり継承されるのかに対しての議論は十分ではない。地域とは，いわば利害関係者にとっての共有資産である。先行研究では，共有地の悲劇が起こりうる環境の中で，なぜ企業が世代を超えて地域の利益に貢献しようとするのかについての解答が示されていない。

　本章では，先行研究の整理を踏まえて，「なぜ大和川酒造店の九代目当主は地元に根ざした酒造りを行いつつ，本業と関連のない自然エネルギー会社を立ち上げたのか」という研究課題を設定する。この課題に解答することで，本章の問題意識である「なぜ地域型老舗企業は，数世代にわたり地元地域に根ざし，時に本業の利益を犠牲にしても地元の利益に資するような非経済的行動を許容しうるのか」について考えてみることにしよう。

　研究方法としては，史料調査とインタビュー調査を併用する。史料調査では，会社案内，社史，新聞記事，雑誌記事，関係書籍を調査の対象とした。インタビュー調査[2]では，現経営者，後継者，後継者の育成担当の経営幹部を個別に聞き取りを実施した。

3　事例：大和川酒造店──沿革と歴代当主の活動

(1)　蔵の街としての喜多方地方

　喜多方市は，福島県の北西部に位置する。昔は，会津藩の北部に位置することから北方と呼ばれた。福島，新潟，山形に跨がる標高約2,000メートルを誇る飯豊連峰が聳える。日本百名山の1つである飯豊連峰の万年雪が伏流水となって，地域の人々の営みに恵みを与えてきた。

　喜多方は，良質な資源に恵まれた自然環境のもと様々な産業を育んだ。中世から近世にかけて農業がおこり，同地域は食料自給率が800％に及ぶ穀倉地帯となった。地域の阿賀川は，内陸の喜多方において地元の交通や物流の機能を担ってきた。また，米の産地は酒の産地とも呼ばれるように，醸造業が多く存在する。山林資源も豊富で，木地や漆の産業を育んだ。その他，観光資源として，熱塩温泉や山都そば，最近では喜多方ラーメンなどがある。

　もともと喜多方は，蔵の街として栄えてきた場所である。喜多方市観光局によれば，市内には約4,000もの蔵が存在するという。この地域では，「四十代で蔵の1つも建てられないようであれば男の恥」という言葉もあるくらい，蔵が市民の生活や習慣にとけ込んでいる。喜多方は豪雪地帯で季節の寒暖差がある地域である。蔵は，夏冬の気温差を平準化する機能を持つ。地域における蔵の存在は，酒や味噌，醤油などの醸造業が発展する下地を形成した。

(2)　大和川酒造店の起源

　大和川酒造店は，1790年（寛政二年）創業の清酒製造・販売業である。原材料に喜多方の米と水を使用し，伝統的な醸造技術を用いて，純米酒と大吟醸を中心に取り扱う酒蔵である。純米酒を中心とする「弥右衛門」シリーズが有名である。

　初代佐藤彌右衛門は，製綿業をしていた佐藤家に養子に入り，その後分家し

て同じ製綿業を営んでいた。1790年（寛政二年）に会津藩より酒筈と呼ばれる
酒造免許を取得して，酒造りを始め（財界21編，1992），1795年（寛政七年）に
は永代にわたる酒造免許を取得している。その後に続く二代目，三代目は幕末
と明治維新という激動の時代をくぐり抜けるとともに，喜多方で粛々と地域の
酒蔵としての地位を固めていった。明治期に入り，四代目佐藤彌右衛門は，現
在の「弥右衛門」ブランドの先駆けとなる高品質酒を造り始める。

(3) 歴代経営者と喜多方地域との関係

　明治時代の中頃，六代目佐藤彌右衛門は地域の酒造組合の組合長を務めた。
喜多方地方における酒造業の組織化の基礎を築いている。続く七代目もまた，
喜多方の酒製造販売業の組織化に力を入れた。七代目は，酒蔵の組合である耶
麻協同組合をつくり，戦時統制の時代から戦後の昭和30年頃にかけての激動期
を含め，自ら30年間にわたり組合長を務めてきた。この七代目の地域への取り組
みは，第二次大戦後，地域の有力者として公職追放となるほどであった。明治以
降，大和川酒造店の歴代当主は，地域の酒造業の振興や利害関係の調整を担っ
てきたと言える。現九代目佐藤彌右衛門の語りからは，五代目，六代目，七代目
の頃，酒造業を超えた地域との密接な関係を持っていたことが示されている。

　　かつての会津・喜多方の商人衆がインフラを作る時に，カネを出し合って，行
　政に力がなかったから，みんな借金し合って，インフラを作ってきた。その人た
　ちが，今でも旦那様と呼ばれている。そういう人は，地域で数人しかいない。そ
　れは，単なる旦那ではない。ヤウエモンと呼び捨てにされるのではなく，たとえ
　ば，彌右衛門様と呼ばれる，私はまだ言われたことはないが。社会貢献のような
　ものさ，橋が流されたら，おい彌右衛門，橋を架けろと言われたらやる。そうで
　ないと，米を会社に持ってこられない。ガツガツやっているやつは，その時代で
　終わる。信用という財産を次の世代に渡せるか。社会貢献，遺伝子として残って
　いる。信用を次の世代に引き継げるか，世のため人のため，地域貢献をどれくら
　いできたかが生きてくる。…（中略）…明治の頃，自分で電話を引いてくる，み
　んなに電話番号をふる。江戸から明治，地域で産業が起こってきた頃，各地方
　に，喜多方以外でもあったはずだよ。そのような産業人がいたはず。（九代目）

上記の語りからは，大和川酒造店の歴代当主が自社の利益だけを目的に行動してきたわけではないことがわかる。本来，行政が担うような地域の社会基盤整備のような仕事も地元の名士として行ってきたことが窺える。

　八代目佐藤彌右衛門は，七代目の長男として生まれ，喜多方の街並保存に力を入れた。この取り組みは，「蔵の街・喜多方」を全国に発信する目的があった。象徴的な取り組みは，近隣の呉服店の敷地にあった蔵を移設するというものであった。これは，建物自体を移設するものであり，新築するよりも膨大なコストがかかる。当時，同社の売上高の約半分に相当する大規模なものであった。計画の実行にあたり，八代目と現九代目との間で意見対立が生じた。しかし，八代目の地域への思いが勝り，1980年（昭和55年）に資料館（現大和川酒造店内・北方風土館）の開設に漕ぎ着けた。現在，資料館は，喜多方の酒造りの歴史と製作工程に関する展示を行っており，多くの観光客が訪れる観光スポットとなっている。

(4)　経営環境の変化と本物志向の酒造り

　次に，大和川酒造店が地域産の本物志向の酒造りを行うようになった背景について見ていくことにしよう。同社での本格的な酒造りの嚆矢は，四代目佐藤彌右衛門の高アルコールのカス餅酒「弥右衛門」である。後の七代目佐藤彌右衛門は，その系譜を引き継ぎ1954年（昭和29年）に本醸造の発売を開始した。戦後しばらくの米不足の時代に，福島の酒蔵としては画期的な取り組みであった。これは，その後の世代に続く地域に根ざした本物志向の酒造りへの布石となっている。七代目は，戦時統制の中で甘味酒カスモチ「弥右衛門」を開発，1954年（昭和29年）に本醸造酒を造っている。当時，多くの会社が三増酒[3]のような低コストの酒を中心に製造している中で本醸造は珍しかった。この頃，全国酒造組合主催の清酒品評会で優秀賞を獲得している。

　八代目佐藤彌右衛門は，東京滝野川の醸造試験場で専門的に酒造りを学んだ。同社では，外部機関で専門的知識を習得してくる試みは初めてのことであった。八代目は，正式に1977年（昭和52年）に事業承継した。この頃，酒造業界を取

り巻く経営環境が大きく変化する。具体的には，大手酒造メーカーによる大量生産・大量販売といった経営体制の確立であった。大手酒造メーカーの規模の経済に基づくコストリーダーシップは，体力のない地域の中小規模の酒蔵にとって大きな影響があった。八代目が事業承継した1970年代の福島県は，「酒どころ福島」と呼ばれ，約百数十社程度もの酒蔵が存在していた（とうほう地域総合研究所編，2007）。しかし，2000年代に入るとその約3割程度が大手酒造メーカーと差別化できずに廃業してしまった。

大和川酒造店を取り巻く経営環境の変化の中，醸造試験場で酒造りを学んだ

||| 図表2-1　大和川酒造店における歴代経営者の経営実践

六代目佐藤彌右衛門	【地域との関わり】 • 酒造組合長
七代目佐藤彌右衛門	【地域との関わり】 • 耶麻協同組合の設立〈昭和29年〉 【事業経営】 • 本醸造発売〈昭和29年〉
八代目佐藤彌右衛門	【地域との関わり】 • 蔵の移設，資料館「北方風土館」の設立〈昭和55年〉 【事業経営】 • 全製造酒に糖類の添加を廃止〈昭和53年〉 • 小売開始〈昭和55年〉
九代目佐藤彌右衛門	【地域との関わり】 • 会津電力株式会社の設立〈平成24年〉 【事業経営】 • 三年古酒・純米吟醸「酒星眼回」開発〈昭和56年〉 • 純米酒「絞りたて」開発〈昭和59年〉 • 純米酒「岩代」開発〈昭和61年〉 • 製造工程機械化「飯豊蔵」設置／杜氏制度廃止〈平成2年〉 • ネット販売〈平成10年〉 • 「大和川ファーム」設置〈平成11年〉 • 台湾向け海外販売開始〈平成19年〉
後継者	【地域との関わり】 • JCの活動 【事業経営】 • 「夜ぐると」開発〈平成23年〉 • 大手外食チェーンへの有機米供給〈平成24年〉

出所：落合（2016）より一部加筆の上，引用。

八代目は，大手酒造メーカーと同様の戦略をとるのではなく，七代目が取り組んだ品質の高い高級酒造りに舵を切る。具体的には，1978年（昭和53年），全製造酒に糖類の添加を廃止している。

> 　三増を造っていたのでは大手に勝てない。親父が造っていた，米から造った本物の酒を造りたかった。（財界21編，1992，52頁）（八代目）

4　現当主・九代目彌右衛門の取り組み

　現九代目佐藤彌右衛門は，1951年（昭和26年）に八代目の長男として生まれる。同社における中興の祖の１人は，酒造組合の組織化や本醸造の製造販売を行った七代目である。もう１人の中興の祖が，九代目であると言えるだろう。中興の祖とならしめる理由は，九代目が事業承継した時期に関係がある。１つが，日本酒級別制度の廃止である。1992年（平成４年）の酒税法改正に伴い，地域の酒蔵には，規模の経済を背景とする大手酒造メーカーとの明確な差別化が求められるようになった時期である。２つ目が，若者を中心とした酒離れの時代の到来である。バブル経済崩壊に伴う消費の低迷も相まって，日本酒離れが進んだ時期である。３つ目が，東日本大震災などの自然災害の発生である。九代目が，地域の酒造業界の環境変化をどのようにくぐってきたのかを概観してみることにしよう。

(1)　新商品開発と新市場開拓
　現九代目は，大学の醸造科に進み酒造りを学ぶ。外部で科学的な酒造りを学ぶ経験をしていることは，先代の八代目と同じである。九代目は，大学の醸造科を卒業して，1974年（昭和49年）に大和川酒造店に入社する。入社後は，営業部門に配属される。家業での下積み時代には苦い経験も多く積んだ。

　「酒を造る米は，食用の米よりも栽培することが難しい。50年後，100年後もここでいい酒を造り続けていくためには，ただ出来た作物を買い取ることだけではなく，農業と醸造が一体となって進んでいかなくてはならないんだな。」（九代目）

　そのような下積み時代の後，九代目は新商品開発に力を入れ始める。八代目が蔵の街並保存の活動に力を入れていた関係から，九代目は若い頃から大和川酒造店の経営の中核的な仕事を実質的に任されてきた。当時，同社はカス餅酒などの代表的な銘柄があったが，新たな商品の開発には積極的ではなかった。九代目は，新商品の開発にあたっても苦労している。新商品の開発には，原料の配合，熟成の期間など，従来とは異なった方法が求められる。当時同社では，製造を季節ごとに契約する杜氏に任せていた。九代目は，杜氏に製造を任せっきりにするのではなく，杜氏達に様々な新しい新商品開発の提案を行った。

　しかし，従来からの造り慣れた方法で酒造りをしたい杜氏からの反応は芳しくなかった。最初の年は，上手くいかなかったという。そのことがきっかけで，相当程度，売上高も落ち込んだ。九代目は，この状況に思い悩んだが，一定数の根強い顧客の存在があることに自信を持つことになる。それは，失敗しても大和川酒造店の商品が良いと思って，引き続いて買い続けてくれる顧客であった。その次の年からは，失敗経験を生かし，新商品開発も上手く軌道に乗り出した。1981年（昭和56年）には三年古酒である純米吟醸「酒星眼回」を開発す

る。その後も，地元の米と水による本格的な酒造りにこだわり，1984年（昭和59年）に「絞りたて」，1986年（昭和61年）に「岩代」などの純米酒を開発していった。

　九代目は，新商品開発に加え，新市場開拓にも精力的に取り組んでいる。八代目の頃は，従来，酒類小売店向けの卸売販売が中心であった。しかし，消費者への直接販売は利益率の面で卸売販売よりも高い。同社では，1981年（昭和56年）に北方風土館での直接販売を皮切りに，直営店（百貨店含む）の展開を始める。1998年（平成10年）には当時ではまだ珍しかった酒のネット販売を開始している。2007年（平成19年）には，「弥右衛門」ブランドの海外展開も始めた。現在では，台湾や香港のアジアをはじめ，アメリカやカナダ，イギリス，オーストラリア，さらにはブラジルなどに展開するまでになっている。同社の国際展開は，和食が世界的に再評価される中，ジャパニーズワインとしての日本酒の普及の一翼を担っている。

(2)　杜氏制度の廃止と製造工程の機械化

　従来，喜多方の酒蔵の多くは，季節ごとに杜氏集団と契約を行い，酒造り自体を杜氏に委託していた。福島をはじめ東北地方の酒蔵には，越後杜氏と岩手県を発祥とする南部杜氏が酒蔵に入ることが多かった。杜氏集団は，毎年10月頃から2月頃まで酒造りを行う。

　他方，この頃，杜氏職人を活用した酒造りには，3つの経営上の問題が生じていた。第1に，杜氏集団の過酷な労働環境である。杜氏の仕事は，季節限定とはいえ，期間中は24時間態勢である。現九代目によると，杜氏は身内で不幸があっても酒造りの場を離れることは許されないという話もあったそうだ。

　第2に，杜氏集団の高齢化と若い杜氏職人の不足である。杜氏職人が若ければ，酒蔵側の多様な新商品の製造の要求に対応しやすい。しかし，経験は豊富だが高齢の杜氏職人では，新しい製法に適応しにくい。そのため，現九代目の本物志向の酒造りに基づいた新商品開発が行いにくいことになる。

　第3に，杜氏職人を活用することは，酒蔵の製造業務を外部委託することを

示し，大和川酒造店としては技術が蓄積しにくいことである。自社に技術が蓄積しにくいことは，製品の品質が季節ごとに契約する杜氏集団の技術に依存してしまうことにつながる。

九代目は，1985年（昭和60年）に，八代目から会社の銀行印を承継し，実質的な経営を担うようになった。実質的な承継の根拠として考えられるのは，九代目の新商品開発の実績が八代目に認められたことである。1990年（平成2年）に，九代目は，上記の杜氏への酒造りの外部委託における3つの課題を克服するべく，杜氏制度の廃止と製造工程の機械化（自社による製造工程の内製化）を行う。九代目は，1987年（昭和62年）に製造機械を設置する新蔵を建設するために，約26,000坪もの土地を購入する。その3年後の1990年（平成2年）に，鉄筋3階建ての飯豊蔵が完成する。飯豊蔵は，大型のタンクや製麹機などの最新の設備を備えつつ，麹室などの伝統的な手作業の工程を兼ね備えた製造工場である。この設備投資には，当時の年間売上高を上回る5億円超を要した。

現在，九代目の弟で自社内の杜氏である佐藤和典と，現九代目の次男が製造を担っている。結果として，大和川酒造店では，技術を外部に依存するのではなく，自社で生産技術を確立して機動的に新商品開発が行えるようになった。

||| 写真2-2　飯豊蔵　（大和川酒造店ホームページより引用）

(3) 生産農家の垂直統合による農業法人の設立

　従来，福島県の酒蔵は生産農家と個別に契約して原材料となる酒米を仕入れることが一般的であった。生産農家は，酒米だけではなく食料米の生産も同時に行っていた。また，酒蔵が新たに生産農家と契約したい場合は，農協からの紹介を活用することが多かった。ただし，農協は生産農家の生産米に対して細かな管理は行っていないのが通例であった。そのため，各酒蔵は，安定的に高品質な酒米（たとえば，有機米）を調達することが難しいといった課題を抱えていた。各生産農家は，生産性を意識して化学肥料を活用する場合も珍しくなかった。それだけではなく，農業人口の高齢化という問題もあった。

　本格的な地域における酒造りのためには，地域の清酒の製法だけではなく，地域産の米の存在が重要となる。しかし，当時，大和川酒造店をはじめ地域の酒蔵は，川上の生産農家に対して統制を行うことができなかった。規模の経済を背景とする大手酒造メーカーと差別化した地域産の地酒を生産することが困難な状況にあった。

　　酒を造る米は，食用の米よりも栽培することが難しい。50年後，100年後もここでいい酒を造り続けていくためには，ただ出来た作物を買い取ることだけではなく，農業と醸造が一体となって進んでいかなくてはならないんだな。（九代目）

　そのような中，大和川酒造店は，農業と醸造の一体化を図るべく，1999年（平成11年）に大和川ファームという農業法人を設立する。これは，酒蔵による生産農家の組織化であり，酒蔵による川上統合ということができる。具体的には，大和川酒造店は生産農家から農地（50ヘクタール）を借り上げて，山田錦など酒米専用の農業運営を行っている。

　現在，大和川酒造店は，喜多方市内にある約14町の自社田で自社栽培している「夢の香」「五百万石」「雄町」「山田錦」をメインに酒造りに使用している。大和川酒造店では，この高品質な酒米に加え，飯豊山の豊富な伏流水（軟水）など全量地下水による仕込みを行っている。この川上垂直統合によって，大和

川酒造店は，地域の高品質酒製造を支える酒米の安定調達を図ることができるようになった。

(4) 会津電力株式会社の設立

　喜多方地域には，森林資源，飯豊山由来の湧水，穀倉地帯など豊富な天然資源が存在する。また，近代以来，豊富な天然資源を背景に，蔵の街として，味噌，醤油，酒造などの産業が発達してきた。これらの産業は，喜多方地域の土地の恵みを受けることなくしてその発展はあり得ないと言えるだろう。

　そのような中，2011年（平成23年）3月11日に東日本大震災が発生した。地震後の三陸海岸をはじめ太平洋沿岸の広範囲の地域で津波の甚大な被害が生じた。特に福島第一原発の津波被害による事故は，現在もなお大きな爪痕を残している。福島県でみると，飯舘村で原発事故による大きな被害が生じた。他方，喜多方地域は地理的に北西部に位置していた関係から，幸いにも被害を免れることができた。

　大和川酒造店の九代目は，この出来事を契機として，2013年（平成25年）8月に，会津電力株式会社を設立する。従来，福島県には原子力発電所や水力発電所が多数存在していた。しかし，これらの電源は主に，首都圏向けのものであった。会津電力は，原子力に依存しないクリーンエネルギーによる電源確保とエネルギーの地産地消を目的として設立された。同社の第一期事業として，雄国太陽光発電所が喜多方市に設置された。雄国太陽光発電所は，パネル枚数（270W）が3,740枚で，年間予想発電量が1,086,180kW（一般家庭約300世帯分相当のもの）であった。

　九代目は，同社の代表取締役社長を務めるが，出資は個人としての一部にとどめた。このことから，会津電力株式会社の設立は，大和川酒造店における事業の多角化戦略ではなく，九代目の地域貢献の取り組みであることがわかる。主要な出資者は，喜多方市を中心に福島県下の市町村をはじめ，市民ファンド，地域金融機関，各企業と個人であった。この市民ファンドや自治体が出資に応じた経緯としては，地域での大和川酒造店の存在が大きかったと言われている。

九代目は，同社の取り組みの背景として，以下のように述べている。

> 鉄道を引っ張って来ることによって自分たちの商品が運ばれるなど，実利がないと。そして，そのことが地域の人から喜ばれる。1人ばっかり儲けていると，文句を言われる。あのやろうと，潰される。そうでないと，次につながらない。お前のじい様はな，お前の父様はな，って言われたらおしまい。（九代目）

　現在，会津電力は，太陽光発電を中心に福島県内に約70カ所の発電所を設置している。同社は，地域密着の分散型発電と再生エネルギーによる電源の多様化を行っている。具体的には雄国太陽光発電所を中心に，会津電力戸ノ口堰小水力発電所といった水力発電にも力を入れている。これらは，米どころとしての地理的環境を活かし，農業用水路から取水して，落差を利用して水車を回し，発電を行おうとするものである。水力発電からの収益の一部は，自治体にも還元されている。

　また，風力発電事業を担う川内電力も設立している。川内電力は，まだ運転が開始されていないが，2021年の運転開始に向け各種調査が行われている。川内電力は，会津電力をはじめ他のエネルギー会社の共同出資により設立されている。また，飯舘村などの汚染が強い農地を地権者から借り上げ（20年），太陽光パネルを設置する取り組みも行っている。今後は，喜多方地域の豊かな水資源を利用して，小水力発電，バイオマス，地熱などを展開する予定であるという。

　さらに，九代目は，地元のクリーンエネルギーに関する知識の啓蒙にも力を入れている。雄国発電所の内に雄国大学が設置され，多様な人々に地域や環境の保全を目的としたセミナーを定期的に開催している。参加者は，再生可能エネルギーに関する体験学習ができるようになっている。

III **図表2-2　会津電力株式会社の概要**

本社所在地：福島県喜多方市 設　　立：2013年8月1日 代 表 者：佐藤彌右衛門（代表取締役社長） 事業内容：自然エネルギーを利用した発電事業及び電気・熱エネルギー供給，販売事業 出 資 者：（計77団体・個人　2018年6月現在）自治体（喜多方市，磐梯町，猪苗代町，西会津町， 　　　　　北塩原村，只見町，三島町，昭和村）東邦銀行，福島銀行，大東銀行，会津信用金庫， 　　　　　会津商工信用組合，各企業，個人他

出所：同社ホームページを参照の上，作成。

(5)　次世代への地域の恩恵の継承

　大和川酒造店では，地酒という言葉ではなく郷酒という言葉を使う。地酒とは，その土地で造った酒という意味に対して，郷酒とは，その土地の仕込み水を使い，原材料である米もその土地で栽培したものを使って造る酒である。九代目の弟であり同社の杜氏を務める佐藤和典は，以下のように語っている。

> 　同業者に内部を公開しても，真似されることはない。水は違う，米は違う，人は違うということで，真似しようとしても容易に真似できない。（杜氏・佐藤和典）

　喜多方の米と水は，貴重な原材料であるだけではなく，原材料自体が他の酒蔵との明確な差別化の源泉になっている。大和川酒造店の先代世代は，地元の恵みによって生み出される郷酒を代々造ってきた。同社は，地域との密接な関係の中で「弥右衛門」ブランドを育み，新商品を生み出してきたのである。現在では，新酒鑑評会で連続金賞を獲得するなど，大きな競争優位性を構築するに至っている。

　九代目は，地域における負の遺産を次世代に受け継いではいけないと語る。九代目の様々な取り組みの背景には，永代にわたって酒造りの原材料となる米や水の母胎となる土地の保全がある。地域の土地や資源を保全する範囲において，大和川酒造店は「弥右衛門」ブランドによって長期利益の構築を図ること

ができる。九代目の行動は，将来世代が先代世代と同様に喜多方地域からの恩恵を受けて，時代に応じた新たな取り組みが行える環境づくりであると言えるだろう。

5　地域で継承される老舗酒蔵のアントレプレナーシップ

ここでは，研究課題「なぜ大和川酒造店の九代目当主は地元に根ざした酒造りを行いつつ，本業と関連のない自然エネルギー会社を立ち上げたのか」にそって議論を展開し，考察しておくことにしよう。

(1)　地域の利益に含まれる自社の利益

大和川酒造店が地元に根ざすためには，地域の資源を守らねばならない。九代目による会津電力の設立の最大の目的は，喜多方地域の米と水を育む土地の保全である。地域の土地の保全は，地元地域の利益になると同時に，長期的に見ると自社の利益につながる。事例からも示された通り，会津電力は大和川酒造店の既存事業との関連性はない。会津電力は大和川酒造店と資本関係はなく，

出資形態も地元の行政や市民ファンドなどの多様な利害関係者を取り込んでいる。九代目の会津電力への時間とエネルギーの投入は，短期的には大和川酒造店の利益を犠牲にする行動である。

　しかし，九代目の取り組みは，将来的には自社を含む地元の利害関係者の共通の利益に資する行動である。自然エネルギー会社による安全なエネルギー供給は，福島第一原発事故のような出来事を生じさせることはない。結果として，大和川酒造店に米と水を供給してくれる土地を守ることにつながる。土地の保全は，将来世代にも恩恵をもたらし，企業の存続と成長の可能性を高めることになる。地域は，後継世代が新商品開発や新市場開拓などのイノベーションを行う上での母胎を提供する。大和川酒造店の非経済的な活動は，短期的な利益の追求ではなく，長期的な利益の追求を目的としている。

(2)　地域の恩恵で実現される「弥右衛門」ブランド

　第2に，地域の土地を保全するからこそ，地域の資源を使用することができ，「弥右衛門」ブランドを活用して長期利益を構築することができる。自社ブランドは，企業の商品開発や市場開拓を行いやすくし，競合他社との競争優位性を構築することができる。事例からは，級別制度の廃止に伴い，多くの地元の酒蔵が大手酒造メーカーとの差別化ができず廃業したことが示された。大和川酒造店では，八代目の頃から本物志向の酒造りに本格的に舵を切った。この本物志向の酒造りへの経営戦略の転換は，喜多方地域からの恩恵を受けざるを得ない。

　地元の酒造メーカーが大手酒造メーカーとの競争に生き残るためには，規模の経済によるコスト削減では到底対応できない。商品の品質や味わいで差をつけて勝負する必要がある。地域の酒造メーカーが日本酒の品質で差をつけるためには，原材料である米や水に活路を求めることが必要である。そのため，大和川酒造店は，地元喜多方産の米や水にこだわったのである。

　しかし，地域の土地を保全して原材料を確保するだけでは，企業は存続成長していけない。大和川酒造店の現経営者である九代目は，先代世代の伝統を継

承しつつも，大手酒造メーカーとの競争に打ち勝つために独自の革新的行動をしてきた。地元産の米と水を源泉にして機動的に新商品の開発ができるよう，製造の内製化を行った。これによって，杜氏に製造を依存していた時代は，商品開発の主導権が酒造メーカーにはなく，杜氏の高齢化に伴い年ごとに酒造りに従事する杜氏のメンバーの入れ替わりがあり品質の平準化が難しかったという課題を克服した。

それだけではない。品質の高い酒造りができるよう，川上垂直統合を行った。契約農家から農地を借り上げ，品質の高い酒米専用の農業法人を設立して地元の恩恵を受けやすくしたのである。また，大和川酒造店は，自社ブランドを海外やネットなど，多様な流通チャネルを開拓して積極的に市場を展開していった。このように，地域の米と水自体が大和川酒造店の強力な差別化要因となり，不動の「弥右衛門」ブランドを形成している。それであるが故に，大和川酒造店の歴代経営者や後継経営者は，地域の資源やそれを生み出す土地を守っていこうとする強烈なインセンティブが働くのである。

(3)　地域の担い手としての名声や評判の継承

第3に，地域内での大和川酒造店の当主としての名声と評判が，地域の利益を保全しようとする動機になることである。先代世代が地域の利益に貢献してきた関係上，現経営者にも地域における社会的な使命として地域貢献が求められる。たとえば，五代目や六代目の頃の地元の橋梁設置や道路整備の活動，八代目による蔵の保存活動などである。

これらは，喜多方地域の共通の利益のための行動である。大和川酒造店の歴代経営者は，喜多方地域の中で名士としての役割を果たしてきた。九代目の語りで，「お前のじい様はな，お前の父様はな，って言われたらおしまい。」というものがあった。喜多方地域における大和川酒造店の当主としての信用や評判は，九代目の会津電力の設立にも影響していると言えるだろう。これは，自社の利益を優先する合理主義的な経営を抑制する機能を果たす。先代世代の地域からの信用や評判は，現世代の経営者に地域での社会的な問題解決の役割を担

わせる動機づけの1つになる可能性がある。

6 おわりに

　なぜ地域型老舗企業は，数世代にわたり地元地域に根ざし，時に本業の利益を犠牲にしても地元の利益に資するような非経済的行動を許容しうるのか。大和川酒造店の地域の利益に資する行動は，長期的に自社の競争優位性を持つことに繋がり，自社ブランドを構築することに貢献する。また，後継世代も先代世代と同様に地元資源の恩恵を受けることができる。そのため，短期的には本業の利益を犠牲にしても，長期的に将来世代の恩恵を確保できるのであれば，自然エネルギー会社を設立するような経営行動が正当化されるのである。

　Miller and Le Breton-Miller（2005）によると，ファミリービジネスは世代を超えて共通の夢や理念を追い求めやすいと指摘している。その意味で，地域の利益に貢献しようとする理念は，一般企業よりも事例企業のような血の繋がりがあるファミリービジネスのほうが行いやすい可能性がある。地域での名声や評判が形成されているならば，地域の利益に貢献しようとする行動がとられやすくなるであろう。地域における数世代にわたる信用は，当代の経営者の行き過ぎた経営に対する牽制と規律づけの効果があると言えるだろう。また，このような地域との長期的な関係性は，地域型老舗企業の経営者にとっての地域に対する愛着や誇り，自社のアイデンティティの源となる可能性もあるであろう。

注

1　創業100年以上の会社を示す。また，それらの企業の大半はファミリービジネスである（Yokozawa and Goto, 2004）。

2 インタビューは，平成24年2月20日，平成24年9月24日，平成25年7月30日，平成30年8月16日の合計4回に分けて実施された。尚，インタビュー内容は，すべてICレコーダーに記録された。内訳は，現九代目佐藤彌右衛門（合計5時間12分），十代目予定者佐藤雅一（合計2時間48分），佐藤和典（合計59分）である。

3 三倍増醸清酒とは，第二次世界大戦後の米不足の際に造られていた清酒のこと。米と米麹で作ったもろみに醸造アルコールを入れ，糖類や酸味料などを添加して味を調えたもの。比較的低コストで生産できる。

※事例作成については下記ホームページも参考にした。

会津電力株式会社ホームページ（2019年3月18日閲覧）

https://aipower.co.jp/about-us

合資会社大和川酒造店ホームページ（2019年3月18日閲覧）

http://www.yauemon.co.jp/ayumi/

（落合　康裕）

オンリーワン型ファミリービジネスの事業展開

1　はじめに

　本章は，岡山県瀬戸内市邑久町虫明に本社を置く横山製網株式会社（以下「横山製網」と略す）の事例研究である。同社は，有結節網の沿岸漁網の国内最大シェアを誇る企業だが，都市部から離れた地域に立地する中小企業である。事例研究は，企業の形成過程と同社製品の強みについて，現代表取締役会長（三代目社長）の横山信昭への聞き取り調査をもとに，どのようにして競争力を獲得してきたのかに関する紹介を中心に行う。

　後述のように，横山製網は100年近い社歴を有するが，その過程において，漁網業界は誕生期，1980年代後半をピークとした成長期を迎え，現在は成熟期に突入している。そうした環境変化の中で，同社は安定した経営を続けている。その要因はオーダーメイド型の漁網で高い競争力を有しているからであり，その競争力構築のための経営資源を積極的に蓄積してきたからである。

　また，同社はファミリー企業であり，社会情緒的資産理論の視点から長期間の存続を可能にした経営の要因について議論を試みてみたい。経営資源の蓄積

と社会情緒的資産理論の2つの視点から分析を試みることによって，経済合理的な側面と非経済合理的な側面の両面からの事例研究として，より豊かな成果をもたらす可能性があるだろう。

　横山製網が立地する瀬戸内市邑久町は，少し遡ると1958年に岡山県邑久郡邑久町として近隣の村が合併し誕生した。邑久町の西側は千町平野として農業が盛んな地区であり，横山製網の立地する東部の沿岸部の虫明地区は，海に近い地域でありながら山間の地であり，「虫明瀬戸の曙」「虫明の月」「虫明八景」といった平安時代からの名勝地である。JR邑久駅からは同社まで，地図上では約15キロメートル位であるが，実際に横山製網を訪れるとかなり鄙びた地域に立地していることを実感する。事実，戦後に道路が整備されてトラック輸送に切り替わる前は，まさしく陸の孤島であり，同社の漁網は海路で岡山市内まで運び，その後鉄道便で全国に配送していた。

2　分析の視点

　本章の事例で取り上げる横山製網は，有結節沿岸用漁網の国内シェア1位のオンリーワン型中小企業である。オンリーワン型企業とは，ある1つのセグメントにおいてトップのシェアを有する企業のことである。本章の分析視点となるリソース・ベースト・ビューと社会情緒的資産の関わりについて簡潔に見ておこう。

(1)　リソース・ベースト・ビューの視点

　ものづくり中堅中小企業は，①SC（サプライチェーン）型企業，②NT（ニッチトップ）型企業，③SP（単工程加工）型企業に類型化できる（細谷，2017）。横山製網は，この3類型では②ニッチトップ型企業に当てはまる。漁網は，用途や編み方でいくつかのセグメントに分けられるが，横山製網は有結

節の沿岸漁網というセグメントで国内シェアトップの企業である。細谷（2017）は，②NT型企業の特徴として，他の①型と③型の企業と比べ，立地制約が小さく全国に広く分布していると指摘している[1]。一方で，NT型企業は，部品の生産や加工を外部に発注するアウトソースの傾向が強く，開発，設計，検査だけを自社で行うファブレス（工場無し）企業も少なくないとしている[2]。

　小澤・坂本・手塚（1997）は，1996年に静岡県を中心に，東北，関東，中部，近畿の世界的に独創的な商品や技術を保有し，長期にわたり高い業績を達成している40社を調査している。これら世界的な中小企業の共通因子として，①コンセプトが明確，②長期目標の確立，③研究開発，市場創造を殊の外重視，④製販一体型，⑤人材確保育成の重視，⑥常識を疑う開発風土，⑦ネットワーク経営の有機的実践の7つを掲げている。

　オンリーワン型中小企業の特徴を捉えた代表的な先行研究からは，オンリーワン型企業の競争力が企業の状況ごとに異なると思われるため，より論理的な「リソース・ベースト・ビュー（経営資源に基づく戦略論）」の視点を取り入れることが有用と考える。これが，本章における1つ目の分析の視点である。リソース・ベースト・ビューについては，詳述しないが，その学派の代表的な研究者は，バーニー（Barney）であり，①経済価値（value），②稀少性（rarity），③模倣困難性（imitability），④組織（organization）からなるVRIOフレームワークを提唱している[3]。

(2)　社会情緒的資産理論の視点

　2つ目の視点としては，第1章で詳しく見た社会情緒的資産理論である。Gomez-Meija, et al.（2011）は，ファミリービジネスの経営の特性を説明するために，第1章**図表1-2**のような社会情緒的資産の概念的モデルを提示している。横山製網の「社会情緒的資産」は具体的には何であり，それが①管理プロセス，②戦略的選択，③組織的ガバナンス，④ステークホルダーとの関係，⑤ビジネス・ベンチャリングの5つのうち，横山製網の事例においては，特にどの項目が，経営業績に結び付いているのかを明らかにしてみたい。社会情緒的

資産の視点を第2の視点として取り入れることによって，従来の研究にないオンリーワン型企業の新たな分析視点の確立を期待できるだろう。

　さらに，立地と社会情緒的資産との関係について注目する。先に見た細谷（2017）では，ニッチトップ型の企業は，立地の自由度が高いと指摘されているが，そうである場合，NT型企業あるいはオンリーワン型企業は，立地している「地域」（＝ステークホルダー）とはどのような関係になるのであろうかという課題が浮かび上がってくる。立地の自由度が高いことは，地域との関係が希薄であるのか，あるいは何らかの特異な関係を有しているのであろうか。この課題に関する先行研究は，あまり見られない。そこに社会情緒的資産モデルで取り扱う価値があると考えられる。

3 漁業と漁網業界を取り巻く状況

　本章で取り上げる横山製網は，漁網の製造販売を行っている企業である。事例研究の前に，まず漁業を取り巻く状況を概観しておこう。

(1) 漁業と漁網販売量の動向について

　世界および日本において漁業は，どのような状況になっているのだろうか。**図表3-1**を見ると，中国，インドネシア，インド，ベトナムは，漁獲量が大きく伸びている。一方，日本は1980年代をピークに漁獲量が減少し続け，2016年には329万トンまでに低迷していることがわかる。

　一方，国内漁業・養殖業の産出額は，2016年においては，1兆5,856億円で，1985年と比較すると，半分強の出荷額に落ち込んでいる（**図表3-2**）。漁業従事者数も一貫して減少傾向にあり，2017年には15万3千人となっている（**図表3-3**）。

||| 図表3-1　世界の漁船漁業の国別漁獲量の推移

(千トン)

年	1960	1970	1980	1990	2000	2010	2016
中国	2,215	2,490	3,147	6,715	14,824	15,661	17,807
インドネシア	681	1,148	1,653	2,644	4,159	5,390	6,584
EU（28カ国）	5,617	7,844	7,943	8,308	7,053	5,677	5,438
インド	1,117	1,637	2,080	2,863	3,726	4,716	5,082
米国	2,715	2,794	3,703	5,620	4,760	4,397	4,931
ロシア	…	…	…	7,399	4,027	4,076	4,773
ペルー	3,503	12,484	2,709	6,869	10,659	4,306	3,812
日本	5,892	8,717	10,036	9,682	5,092	4,162	3,292
ベトナム	436	553	461	779	1,630	2,250	2,786
その他	12,582	26,189	36,499	35,056	38,736	38,243	37,525

出所：水産庁http://www.jfa.maff.go.jp/j/kikaku/wpaper/h29_h/trend/1/t1_2_3_1.html から作成。
オリジナルデータはトン単位であるが，四捨五入をして千トン単位に改めた。

||| 図表3-2　国内漁業・養殖業の産出額の動向

(億円)

年	合計	内水面漁業・養殖業	海面養殖業	沿岸漁業	沖合漁業	遠洋漁業
1965	5,938	226	819	1,404	1,442	1,670
1970	9,964	487	1,353	2,514	2,368	2,969
1975	19,207	1,130	2,536	5,132	5,311	4,761
1980	27,838	1,688	4,687	7,315	8,300	5,722
1985	29,017	1,762	5,222	7,508	7,583	6,828
1990	27,225	1,621	6,093	8,047	7,037	4,422
1995	22,496	1,637	5,739	6,783	5,559	2,770
2000	18,753	1,133	5,272	5,764	4,456	2,120
2005	16,004	1,018	4,392	5,094	3,876	1,620
2010	14,831	830	4,284	…	…	…
2015	15,859	1,036	4,866	…	…	…
2016	15,856	1,138	5,097	…	…	…

出所：水産庁http://www.jfa.maff.go.jp/j/kikaku/wpaper/h29_h/trend/1/t1_2_2_1.html から作成

||| 図表3-3　漁業就業者数の推移（日本）

（万人）

年	2003年	2008年	2013年	2017年
漁業就業者数	23.8	22.2	18.1	15.3

出所：水産庁http://www.jfa.maff.go.jp/j/kikaku/wpaper/h29_h/trend/1/t1_2_2_3.html から作成

　以上のように，日本の漁業は，1980年代後半から1990年代前半にかけて，陰りを見せ始め，現在までその縮小傾向は続いている。

　漁業に関する漁獲量，産出額，漁業就業者数が大きく減少する中，漁網の販売量も販売金額も大きく落ち込んでいる（**図表3-4**）。2017年においては，販売数量は6,905トンで，販売金額は148億円に落ち込んでいる。

||| 図表3-4　漁網販売量（日本）

年	1990年	2000年	2010年	2017年
種別	漁網	漁網・陸上網	漁網・陸上網	漁網
販売数量（ｔ）	30,235	13,395	8,698	6,905
金額（億円）	483	222	163	148
出所	通商産業大臣官房調査統計部(1991)，p.82。	経済産業省(2001)，p.105。	経済産業省(2011)，p.135。	経済産業省(2018)，p.10。

(2)　岡山県の漁網製造の概要について

　江戸時代の漁網材料は麻糸であったが，明治時代には，麻糸より柔軟で耐久力もあり，重量も軽く，価格の安い外来綿が普及し，1897（明治30）年の水産博覧会に漁網用綿糸出品後，漁網用綿糸の製造がはじまった[4]。一方，編網機の開発は1877（明治10）年頃から始まり，1912（明治45）年に初めて動力式編網機が完成した[5]。

　こういった大きな流れの中，岡山県における漁網製造の発展について見ていこう。

① 現在の漁網製造企業

　機械編み漁網製造は，明治の終わり頃に機械が開発され，生産が始まってい
く。2019年現在，漁網製造の業界団体である日本製網工業組合の組合員企業は
54社あり，**図表3-5**はそれらの所在地を都道府県別に会社数を整理したもので
ある。もちろん，会社の規模は様々であり，本社と工場の立地が離れている場
合はどちらが実質的な本拠地なのかなどを考慮する必要はあるが，所在地の大
きな傾向としては，愛知県（名古屋），三重県，石川県（金沢），岡山県という
順位になっている。

　岡山県の日本製網工業組合に加入する組合員企業4社のうち1社が，本章で
取り上げる横山製網である。他の3社は，1836年創業の「株式会社木下製網
所」（岡山県瀬戸内市邑久町尻海）[6]，1968年創業の「橋本製網所」（岡山県和気
郡日生町大字寒河），2007年に後述する森下グループから従業員が漁網事業を
継承して設立した「森栄株式会社」（岡山県和気郡和気町尺所）である。

‖‖‖ 図表3-5　日本製網工業組合・組合員企業54社の所在地内訳

愛知県	19社	大阪府	1社
三重県	13社	和歌山県	1社
石川県	4社	広島県	1社
岡山県	4社	鳥取県	1社
東京都	3社	愛媛県	1社
静岡県	2社	熊本県	1社
鹿児島県	2社	大分県	1社

出所：日本製網工業組合　https://seimou.exblog.jp/1718430/ から作成

② 機械編み漁網生産の黎明期

　岡山県では，1909（明治42）年に森下金吉が和気郡日生町で漁網製造業を始
め，鰆（サワラ）漁に用いる麻糸原料の流瀬網の本格的な生産販売を行い，
1927（昭和2）年に広島県三原市の東洋麻糸紡績（現トスコ株式会社）と漁網
用ラミー（苧麻＝天然繊維）の販売代理契約を結び，1935（昭和10年）年頃に

は全国のラミー漁網の8割を商うまでになった[7]。戦後東レが開発した合成繊維ナイロンを用いて，1953（昭和28）年にナイロン漁網の製造販売に踏み切り，1960（昭和35）年頃には売上の6割を輸出が占め，輸出先は40カ国以上に及び「漁網の森下」の名を世界に轟かせた[8]。しかしながら2007年に，森下グループから従業員が漁網事業を継承して，森栄株式会社（岡山県和気郡和気町尺所）を設立するに至っている[9]。

　森下金吉に続き，1917（大正6）年に同じく岡山県和気郡日生町（現在の住居表示は岡山県備前市日生町）の有吉京吉が，岡山県総社市で開発された打瀬網用の手動式編網機を2台導入し操業を始め，1918年（大正7年）に日生町の有力者が日生製網を設立し，1920（大正9）年にこの事業に参加していた有吉京吉が独立して有吉製網を設立した[10]。

　岡山県邑久郡邑久町虫明（現在の住居表示は岡山県瀬戸内市邑久町虫明）では，1920（大正9）年4月に，海産物問屋を営む故横山幾太が，広島県福山市の広井仙市が開発した手動蛙又製網機2台で操業を開始した[11]。これが横山製網のスタートである。この時代は，機械で編んだ漁網は，手すきで編まれた漁網と異なり目がそろっていて，各地で広く使われるようになった。当時の編網機は高額であったと考えられるが，ビジネスチャンスも大きかったと考えられる。

||| 図表3-6　大正期からの岡山県の機械編み漁網業者

創業年	創業者／会社名	場所	事項
1917年 （大正6年）	有吉京吉	岡山県和気郡日生町	岡山県総社市の打瀬網用の手動式編網機を2台導入
1918年 （大正7年）	日生製網	岡山県和気郡日生町	日生町の有力者が設立。有吉京吉も参加。
1920年 （大正9年）	有吉京吉／ 有吉製網所	岡山県和気郡日生町	有吉京吉が参加していた日生製網から独立
1920年 （大正9年）	横山幾太／ 横山製網	岡山県邑久郡邑久町 虫明	広島県福山市の広井仙市が開発した手動蛙又製網機2台で操業を開始

出所：山陽新聞社（1977）をもとに作成

1972（昭和47）年発行の『日生町誌』によれば，「現在岡山県下では，四社の製網会社が漁網の生産を競っているが，このうち邑久郡邑久町虫明の横山製網を除いた三社が日生町に存在している」とし，日生町の3社として株式会社森下製網所，有吉製網株式会社，日生製網株式会社を掲げている[12]。上記**図表3-6**の企業と一致する内容となっている。なお，1836年創業で日本製網工業組合に所属の株式会社木下製網所（邑久町）は，現在資本金1千5百万円，従業員数20名の企業[13]であり，社歴の非常に長い老舗企業であるが，『日生町誌』や『せとうち産業風土記』（山陽新聞社）に取り上げられていないことから，拡大路線を目指さなかったと推測できる。

　上記日生町の3社の漁網製網会社のうち，森下製網所は，2007年に従業員が漁網事業を継承し，森栄株式会社として現在も日本製網工業組合の組合員となっている。有吉製網は，『岡山県展望』の1991年版を最後に会社自体の記載が見られなくなった。日生製網は，1977年版『岡山県展望』に事業内容として「合成撚糸製造販売」が記載されているが，1978年版では「合成撚糸製造販売」の記載が無くなり，「不動産賃貸業」のみとなった。日生製網所と有吉製網所は，日本製網工業組合の組合員企業ではない。インターネット検索でも見出すことはできず，廃業したと推察される。

4　事例：横山製網——オンリーワン型企業への事業展開

(1)　創業家からの歴代社長

　横山製網（株）は，1920（大正9）年4月創業で，現在は資本金2,200万円である。本社工場が岡山県瀬戸内市虫明，第二工場が同じく岡山県瀬戸内市虫明，第三工場が岡山県瀬戸内市邑久町福元にあり，岡山県岡山市内に，岡山営業所が置かれている。

||| 写真3-1 横山製網本社 （著者撮影）

　製造販売品目は，刺網，巻網，定置網，曳き網という漁網と，スポーツ・産業用各種ネットとなっている。漁網には，有結節網と無結節網があるが，現在同社は，有結節網において沿岸漁網の国内トップシェアの漁網製造販売企業である。現在の社長は四代目であるが，本章は，三代目社長の横山信昭からの聞き取り調査をもとにしている。

||| 図表3-7 横山製網の歴代社長

年月（西暦）	事項
1920年4月	横山幾太　創業
1948年5月	横山幾太　法人設立により社長就任
1969年5月	横山春松　二代社長就任
1975年11月	横山信昭　横山製網入社
1995年5月	横山信昭　三代社長就任
2016年11月	横山敬弘　四代社長就任

出所：横山製網(株)内部資料から作成

① 創業者社長横山幾太の時代（1920年～1969年）

　1920年（大正9年）4月に，岡山県邑久郡邑久町虫明で海産物問屋を営む故横山幾太が，製網機2台で操業を開始した[14]。1934（昭和9）年に動力蛙又製網機2台を導入し，大量生産体制を整えた[15]。戦時中は，綿糸は統制物資に指

62

定され，1950年（昭和25）年まで続いたが，漁業振興のため製網用の綿糸が放出されたため，岡山県下だけでも30余社の製網業者が乱立した[16]。

　横山製網は，第二次世界大戦後の1948年（昭和23年）5月に業績が拡大したため，個人事業から有限会社横山製網所に組織変更を行った。1952年（昭和27年）3月には，クレモナ・ナイロン（クラレのビニロンの商品名）漁網の製造に着手して，リング撚糸工場を新設し，1961年（昭和36年）6月には，横山製網株式会社に組織変更を行った。1966年（昭和41年）3月には，事業拡張のため撚糸工場を第二工場として設立した。またスチームセッター，リング撚糸機も併せて増設を行った。

　同社が成長した要因は，「品質の高さ」と「納期を守ること」と三代目社長横山信昭は述べているが，このことが漁網需要者の支持を得ることにつながったと考えられる。

② 二代目社長横山春松の時代（1969年〜1995年）

　横山製網は「邑久町」に立地するが，先に見たように1972年発行の『日生町誌』に，岡山県の代表的な漁網製造企業として紹介されており，既に有力な会社としての基盤が確立していたと言える。

　1972年（昭和47年）4月に資本金2,200万円に増資し，12月には増産のため第三工場を新設した。1974年（昭和49年）6月に，岡山事務所を新築し，移転した。1975年（昭和50年）11月に，のちに三代目社長となる横山信昭が，横山製網に入社した。東京の大学を卒業後，関東の大手地方銀行に勤務していたが，一方で会社を継ぐことを期待されていたことも窺える。

> 　（漁網は）天然繊維だったのです，昔は。私も物心ついたころから「網屋の，網屋って（父が）いうのですよ」「網屋の息子が学校なんか行かんでもええ，家の仕事しておけ」こうやって育てられました。そのうち少しずつ大きくなって，天然繊維から化学繊維に変わりつつある中で，大手，東レさんとかそういうところとおつき合いし始めてから，やっぱり教育の必要性を感じたのでしょうね。学校に行かせてもらうようになりました，おかげで。（横山信昭）

横山信昭が，学校へ行くことができたのは，教育が家業に必要という認識があり，それはとりもなおさず将来の後継者という期待の表れであると考えられる。その後，横山信昭は社長横山春松の右腕として同社で辣腕を振るうことになる。当時の漁網業界には，横山信昭のように金融機関で実務経験を積んだ人材が皆無であったかどうかは不明ではあるが，少なくとも稀少な人材であったことには間違いないであろう。

　また，横山信昭が実家の横山製網へ帰るきっかけとなった要因があった。担当していた企業の融資に関して，高齢の経営者に直系の後継者がいなく，また養子縁組の後継者もいなかったため，銀行としては融資継続を困難と判断をせざるを得なかった。直系の後継者がいないと金融機関からの信頼を得られず，ひいては実家の会社の存続が困難になると思い，1975年に実家である横山製網に銀行を辞めて戻ってきたのだった。

> 　私の父親が経営していたこの会社も，「ああ，そういうことか」と。当時160名からの従業員がいましたからね。そういう運命をたどるんかと。私もここで生活して大きくなったわけですから，「ああ，帰らざるを得んのかなあ」と。で，帰ったきたわけです。（横山信昭）

　横山製網は，着々と機械設備の増強を進めていった。1976（昭和51）年12月に，染色排液処理機を増設し，1983（昭和58）年には，特殊結節製網機（Uノット）を導入した。1986（昭和61）年11月に，本社および製網工場，熱処理工場を拡張整備し，1990（平成2）年8月に，本社工場に超大型（世界最大）スチームセッターを増設した。以上のように，同社は順調に経営資源を整備し続けてきた。各種漁網製造，加工機械は，メーカーと共同開発したオリジナルの機械であり，同社の漁網の品質向上に資していると同時に，省力化や合理化につながっている。汎用機械の導入では成し得ない成果を生み出した。

　一方で，上述のように我が国の漁獲高，漁業従事者，漁網販売額の減少が1990年代に顕著に見られるようになった。それに合わせるように，横山製網の従業員数も減少していった。この要因には，外注に出しても支障のない業務に

ついては，アウトソーシングを推進していったことも関係するが，決して無理
な人員削減を行ったわけではない。

||| 図表3-8　横山製網の従業員数の推移

年月	1990年8月	2000年8月	2010年8月	2014年8月
人数	158人	100人	61人	54人
出所	瀬戸内海経済レポート (1994)，p.176.	同左（2003）， p.380.	同左（2011）， p.613.	同左（2015）， p.130.

　二代目社長について，横山信昭は「どこか行って世間話をして帰ってくるよ
うな人だった」と述べている。当時は大らかな時代で，周りの会社の社長もそ
のような仕事ぶりだったようである。三代目社長として事業を引き継ぐ時も，
特段何も教えてもらわなかったと述べている。二代目社長の在任期間は，漁網
業界が成長・発展する時代と，成熟期に突入を始めた時代であったと言える。

③　三代目社長横山信昭の時代（1995年～2016年）[17]

　横山信昭は，1975年に横山製網に入社し二代目社長横山春松を補佐してきた
ので，事業継承はスムーズであった。漁業を取り巻く情勢が1980年代後半から
1990年代前半頃にピークを迎え，現在は，横山製網の経営環境は厳しさを増し
ているが，同社は有結節網の沿岸漁網のオンリーワン型企業として安定した経
営を続けている。

　1972年発行の『日生町誌』に取り上げられた，有吉製網所，日生製網，森下
製網，横山製網の4社うち，横山製網のみ，創業者一族が代々の社長を務め，
現在に至るまで競争力を持ちながら存続しているファミリー企業である。1999
（平成11）年11月には，品質保証システムISO9001認証を取得した。2000（平
成12）年5月には，排水処理設備の改修を行っている。

　染色で廃液の有機物が出て，それを飲めるような水にしているのです。24時間稼働させましてね。すると微生物が水を食べて，残ったものを化学的処理して，それで飲めるような水にして放流するのです。もう毎月チェックしてまいります。業者が来て水を分析して，それを県に報告します。（横山信昭）

　染色施設は，公害防止のため新規に設置することが出来ないという規制が存在している。このことも同社にとっては有利な点である。

　周辺業務の展開にも力を入れている。有害魚類防御ネットを製造し，東京湾，三重県，瀬戸内海などで，のり，かき，わかめ養殖施設で利用されていて，国内のトップシェアを占めている。主力の漁網は魚を捕るための漁具であるが，有害魚類防御ネットは魚から養殖の貝類や海草を守るために特殊素材を用いて魚を寄せ付けないという逆の発想の製品である。

　また，かきの育成促進，施肥と機器の販売も他社と共同で手がけている。「かき元気くん」は，鉄イオンを溶出させ，かきの育成と品質向上を目的とする。のりに関しては，他社と協力して品質向上のためにナノバブル発生機器や，のり養殖の水処理のためのオゾン機器を販売している。さらにナイロンなど石油系の原材料を使わずに紙ネットを展開している。紙を素材とする土に還る環境に優しい網は，農業用，漁業用，そして園芸用などで利用されることを目指している。

　横山信昭は，「水産・漁業において，従来の概念を踏襲するのではなく，新たな視点が必要」と強調する。地球温暖化などの自然環境の変動で，経験則が成り立たなくなっている現実があり，化学や科学を活用し，ITを駆使して，水産・漁業従事者に問題解決の提案ができることが重要であると，新しい取り組みに積極的である理由を述べている。2013年には，遊休地を活用して第１～

第5太陽光発電設備を新設して，地球温暖化への対応，エネルギー源の多様化への寄与を行っている。

④　四代目社長横山敬弘の時代（2016年〜）

　四代目社長の横山敬弘は，岡山大学工学部出身で，技術に詳しい社長である。取引先の上場企業に数年修行に出て，その後は横山製網の専務として10年以上三代目社長とともに仕事をしてきた。こうして後継社長の育成，準備がなされ，事業承継は計画的に行われた。

　漁網の国内需要の減少に伴い，引き続き輸出にも力を入れている。海外向けの販売が，国内売上減少の穴埋め以上に伸びてきている。

　以上のように，横山製網では，創業から現在まで四代の社長は，すべて長男が後を継いできた。バックグラウンドの異なる二代目社長（横山春松）と三代目社長（横山信昭）は約20年ともに仕事をし，三代目社長（横山信昭）と四代目社長（横山敬弘）も十数年ともに仕事をして，世代を重複させながら事業承継が行われている。

(2)　横山製網の漁網の特色と製造工程

　一般に有結節漁網と無結節漁網のメリットとデメリットは，以下のとおりである。

　有結節漁網のメリットは，網の目が破れても次の目で止まることである。一方，無結節魚網の優位性として，強力である，軽量でかさばらない，水中での抵抗が小さい，魚の品質向上につながるという点がある[18]。このように無結節漁網のほうが優位性の高いようにも見えるが，横山製網の漁網は有結節であり，あえて「結ぶ」ことによって糸の性能を最大限引き出すように意図している。

　横山製網の有結節漁網の製造工程は，「撚糸→編網→染色→樹脂加工→仕上げ→検査」という工程であり，これらの工程をすべて社内で行う一貫生産体制を敷いている。そうすることにより，需要者の要望に沿った漁網を生産できる

のである。このような体制は漁網業界では珍しいものである。

|||写真3-3　自動糸巻機　（横山製網提供）

①　糸の共同開発

　漁網は，過去においては天然繊維である綿糸が使用されてきたが，第二次世界大戦後に合成繊維が開発され，綿糸から置き換わっていった。横山製網では，現在は東レとの共同開発で，漁網に特化したナイロン100％の合成繊維を漁網製造に使用している。原糸メーカーの東レに，ある性能の糸の試作を求め，漁業者にテストしてもらう。どの地域のどの漁業者に持っていってテストしてもらうかを考え，そのフィードバックをもとにマイナーチェンジしながら漁網が開発されていく。このように原料からこだわっているのである。

②　撚糸

　漁網の糸の太さは，漁業者からの指定に合わせ変えることになる。世界一多種類を用意している。

③　編網

　有結節の編み方は，単純に1回結んだのと2回結んだのと複雑に結んだのとの3種類ある。網の目の大きさは，漁業者からの注文に応じて編み分けている。

④ 染色

　染色が横山製網にとって最も重要な工程である。

> 　色合わせといいますね，それはもう本当に難しいですからね。これができない
> とだめです。現在は機械化していますから，もう染料の調合だけです，あとは。
> （横山信昭）

　横山製網は，メーカーとの共同開発でC.C.M.（カラー・コンピューター・
マッチングシステム）を10年かけて創り上げた。これは，被染物を機械にかざ
すと自動的に識別して染料の配合が出来るシステムであり，もちろん業界初で
ある。染色は顧客からの要求に応えるオーダーメイドで，数百種類の色をそろ
えている。一釜ずつ染めていくバッチ染色である。コンピュータ化することで，
指定の色を安定的に染めることができるのである。一方で，色の確認は，自然
光の下で人間の肉眼で行なわれている。

⑤ 樹脂加工

　耐摩耗性を高めるために，樹脂コーティングを行う工程である。

⑥ 仕上げ

　網の目合をそろえるためにローラーで引っ張り，世界最大の超大型スチーム
セッターで蒸気をかけて，仕上げを行う。

⑦ 検査

　製品検査は，人間の目視で行っている。性能検査も人間が行っている。

　以上のように各工程が競争力の源泉となっていて，またすべての工程が１つ
の企業内で垂直統合されていることで，高い品質と納期を守るスピードが実現
されている。

||| 写真3-4　製網工程　　（横山製網提供）

||| 写真3-5　染色カラーマッチングシステム　　（横山製網提供）

||| 写真3-6　漁網の強度テスト　　（横山製網提供）

(3) 販売と調達について

販売については，下記のような特徴がある。

① 外部販売網の活用

同社の漁網の販売先は，海のない県以外，すべての都道府県で販売していて，国内トップシェアに至っている。

また直接漁業者に販売するのではなく，各県の漁業協同組合連合会（漁連）などの漁網漁具販売業者を介している。漁業者から直接引き合いがあっても地域の販売会社を紹介して，個人との直接取引は行っていない。漁網漁具販売業者が漁業者を回って注文をとって同社に発注するという仕組みである。一部の漁網会社が，直接漁業者と取引するケースも見られるが，売掛金回収に手間がかかってしまうことがある。

同社は，漁業者一軒一軒回ることも不可能であるため，仲介業者を活用している。しかしながら，仲介業者に販売を任せっぱなしではない。仲介業者からの依頼で，漁業者に同行訪問する場合がある。新製品が出た場合，性能の違いなどを漁網メーカーとして具体的に説明することができる。メーカーが行くと漁業者にたいへん喜ばれる。メーカー側にも，漁網使用者からの生の声を製品に反映させることができるというメリットがある。

② 定番化

漁網業界は，新規参入がないのが特徴である。その理由は，昔からのなじみであったり，使い慣れたものであったりするものが望まれているからである。繊維である漁網は，海水につけるとどうしても網の目の大きさが伸びてしまい，乾くと縮む。漁業者は，横山製網の漁網でこういう規格のものであれば，海につけると幾らに伸びるというのが経験則でわかる。この伸びたり縮んだりする寸法安定性が漁業者にとっては重要で，魚がここでかかっている，ここでかかってないという判断や，捕れる魚の大きさも網に手を差すことで，経験から全部判断がつく。こういう経験による感覚があるため，安さのために他の漁網

に乗り換えるということは起きないのである。

　ある漁業者は，漁に間に合わないから他社の漁網を購入したが，「この網，本当に捕れるだろうかなと思って漁をするとやっぱり捕れない。この網は絶対捕れると思ったら捕れる。」と述べたという。このように，横山製網の漁網は漁業者から大きな信頼を得ている。

③　リピート需要

　横山製網の網は，新しい網ほど魚がよく捕れるという特徴がある。理由はあまり解明されてはいないが，漁網は海で使ううちにいろんなものが付着すると考えられている。実際に，漁網は何キロにも伸ばして使うために，何枚も網を繋げて使用するが，新しい網と古い網とでは，新しい網に魚がかかる。そのため，更新需要で業界が成り立っている。

　一般的に，漁網は寒い時期に仕込んで春先に納品するというケースが多い。ただ，漁業は1年中行われている。同社は，オーダーメイドであるから，1回受注し，やりとりすればするほどファンが増えていって，ずっと長く使われる。そのため，取引は非常に長い目線で見ている。漁網の寿命はワン・シーズンの場合や，1〜2カ月で切りかわるケースもある。補修して，破れたところを繕って修理するケースもあるが，3年ぐらいが一般的である。色があせたり，糸そのものが固くなったり，劣化するからである。漁網が固くなると，船の重心が高くなり，船の運航にも支障が出るようになる。

④　輸出

　北米の西海岸にも海外輸出をしている。サケ網が中心で，サケ，ニシン，紅ザケの漁を行っていて，性能の良い日本品が使用されている。日本の漁網は世界一の品質であるが，値段も世界一高く，特に横山製網の製品は一番高い。日本国内の魚類の消費量は減少している中，海外では逆に，日本食ブームもあり増加している。海外市場が成長しつつあり，現に海外向けが，国内売上減少の穴埋め以上に伸びてきている。

海外に販売する漁網も当然，オーダーメイドの漁網である。サンプル帳の品番やカラー番号で注文を受ける。国内同様に，海外の漁業者との直接取引は行っておらず，海外のディストリビューターを活用している。また海外のディストリビューターと組み，展示会に漁網を出展している。

⑤　オーダーメイドの漁網

横山製網の漁網の他の特徴として，すべての漁業者それぞれのオーダーメイドという点がある。受注後に製造するので，製造した漁網は，全部売れるということである。漁業者の漁網への要求は異なり，要望される漁網の色も何百種類もあるが，それにすべて対応している。

最近では地球温暖化の影響で，この海域にこの時期にこのサイズの魚が必ず回遊してくるという経験則が成り立たなくなってきている。漁業者が，どういった漁をするのかという目的に合わせたオーダーメイドの漁網を発注しているが，自然環境の変化が1つのリスクになっている。

⑥　輸入品との競合

海外漁網の台頭が同社のリスクになりつつある。日本国内の漁網メーカーが国内工場をたたみ，東南アジアに工場を設立するケースがある。糸は自社製品のものを使用し，海外で製造をしているため，品質も上がりつつある。

これらの漁網の価格は，2～3割程度安い。しかしながら，網が破れてしまった場合は，輸入品では入手までに数カ月という時間がかかってしまうが，国内製網会社からは2～3週間で納品されるというスピードの利点がある。

原料などの調達について，横山信昭は次のように語っている。

> 私が一番寂しいのは，県内の方々とのお取引が何もないこと，少ないということなのですよ。原料もそうですし，ありとあらゆるものを県外から求める，こういうことになりますね。ですから，鉛筆だとかね，そんな程度なのですよ，申し訳ないですけどもね。（横山信昭）

横山製網は，有結節の沿岸漁網のトップシェアを誇るオンリーワン型企業であるため，地元岡山県瀬戸内市やその近隣の企業等との取引関係は多いように思われるが，実際には地域とのビジネス上の関係は相対的に見ると希薄である。

⑷　横山製網の経営管理

①　組織ガバナンス

　ファミリービジネスの理論において，親族のどの範囲までをファミリーとするのか，あるいは株式持ち分のどの割合までの所有者をファミリーと定義するかという議論がある中，横山製網では，ごく狭い範囲のファミリーで株式を保有し，経営を行っている。

　横山製網は1920年に個人事業から始まり，1948年に有限会社横山製網所，1961年に横山製網株式会社に法人化した。経緯は不明であるが，親戚縁者や古参従業員に株式が分散されている状態に気付いた横山信昭は，株式の買い戻しを行った。その結果，ファミリービジネスにおけるファミリーの範囲は，ごく狭いものとなった。また，同社は自己資本比率が高く，県内有数の水準を維持している。銀行出身の三代目社長横山信昭が，意識して達成したものである。

　このように，株主と経営者とファミリーは同一であり，自己資本比率が高く有利子負債がゼロであるため，金融機関がガバナンスに関与する機会はほとんどない。組織ガバナンスは，狭い範囲のファミリー内で完結しているということができる。

②　人材育成

　ISOを導入することで，マニュアル化のレベルを一定にした。それによって，従来式の見て覚えるのではなく，体系化した教材で指導をするようになった。新卒採用の場合は，生徒の通っている学校や家庭に挨拶を欠かさずとり，入社前には，父兄と本人に会社に来てもらい，半日かけていいことも悪いことも全部見てもらって，説明をしてフォローしている。また，採用後も父兄を訪問して，頑張っている姿を伝えている。父兄も経営者からのこのような報告を喜ん

で聞いている。

③　従業員

　かつては同社の近隣の住民から多く仕事に来ていたが，現在では少なくなっている。その一因として，横山製網の周辺地域での少子高齢化が進んでいることが関係している。最近では，会社の雇用者数が減り，しかも同社の社員は，近隣の瀬戸内市に居住していないケースも増えてきている。瀬戸内市の両隣の市などの離れたところからの通勤者が約半分くらいとなっている。

　このことは，逆に同社の就職先としての知名度が，広範囲に広まっていることを示している。そのため，採用難や人材不足という問題は生じていない。「よくこんな田舎に来てくれますよ。」と横山信昭は有難がっている。従業員との良好な関係は，定着率が高く辞めていく人が少ないことからもわかる。また上述のように社員教育にも力を入れ，社員の育成にも力を入れている。

④　近隣関係

　地域住民との関係では，良い関係を構築する努力を地道に行っている。

　同社の歴史は，前述のように1920年に海産物問屋から始まっているように，社屋は比較的人家の集まっているところに立地している。しかし，漁網製造は，機械の騒音が発生する。

> 　よくそれを認めてくださっていると思う。いきなり私どものようなところがぽんと来たら，恐らく継続しないでしょうね。地場でこうしてやっているから，周りの人が受け入れてくれとんですね。（中略）朝8時から一部の機械，織機置いているところは夜10時まで動かしますよ。それで，運転できるのは，無人で運転しているのですよ。よく辛抱してくれますよ。ありがたいですよ。（横山信昭）

　地域との関係を良くするために，横山信昭は狭い道だからスピードを出さずゆっくり走るように，社員に細かいことまで指示をしている。逆に地域の方はあの車に乗っている人はよく飛ばすということをよく知っている。また近隣の

方と道ですれ違う際の挨拶や，地域のいろいろな清掃活動に従業員を参加させている。

> 余り出過ぎてもいけないしね。いろんな寄附の話には一番最初に我が社に来られて，こちらが，「お幾らするのですか」と聞いたら，「いやあ」と，言葉濁される，落としどころが難しい。多くてもいけない，少なくてもいけない。私どもが基準になりますから。(横山信昭)

このように企業存続のために，常に地域との関係に心を砕いている。

(5) 経営成果―社外からの評価

横山製網は，オーダーメイド型の漁網で，高品質の製品を生産してきた。そして，有結節漁網の沿岸漁網で，国内で最大シェアを獲得したことは，経営成果の中心的なものである。優れた製品以外に，中国経済産業局，農林水産省，厚生労働省，岡山県，岡山県産業振興財団などから認定や受賞を得ている。このことは，横山製網の経営への外部からの評価の表れであると言える。

公的機関からの認定・受賞以外にも，社外からの評価に関連するものとして，各種メディアからの取材が頻繁にあることを挙げることができる。取材に対して，従業員も意識することなく応じている。

||| 図表3-9　公的機関からの認定・受賞

2006年	「わが社の技」に認定
2010年4月	中国経済産業事業局「地域資源活用新事業展開支援事業」に認定
2010年6月	岡山県「事業化支援プロジェクト」に認定
2011年	岡山県産業振興財団「きらめき支援事業」に認定
2012年	「農林水産省補助事業」に採択事業として展開
2014年4月	BCP（事業継続計画）「優秀実践賞」受賞
2015年10月	厚生労働省「雇用開発コンテスト」受賞

出所：横山製網株式会社パンフレットをもとに作成

5 経営の自立と地域との共存の両立

(1) リソース・ベースト・ビューの視点から

先に触れたように，バーニーのVRIOフレームワークは，①経済価値，②稀少性，③模倣困難性，④組織から構成されている。横山製網の事例について，各項目を考察しよう。

① 経済価値（value）

顧客の要求に的確に応じるオーダーメイドの漁網を，納期を守りながら製造する横山製網の経営資源やケイパビリティ（中核能力）は，先に述べた「横山製網の漁網の特色と製造工程」にあるように，それぞれの製造工程の中に存在し，いかなる漁網をも製造しうるようになっている。このことから，漁網を取り巻く外部環境が変わっても，横山製網は環境変化に柔軟に対応しながら漁網を造り続けることができると考えられる。

② 稀少性（rarity）

横山製網はオンリーワン型企業として，有結節漁網の沿岸漁網というセグメント内で国内トップシェアを誇っている。工程の垂直統合を行い，顧客の要求に応えることのできる企業は，他には見当たらない。また，漁網製造装置はメーカーと共同開発を行い，他社にはないオリジナルの機械を保有している。

③ 模倣困難性（imitability）

横山製網の模倣困難性は，特に染色工程の技術に見出せる。顧客の指定する色合いを出すノウハウは，他社は容易に模倣できない。この難しい染色工程において，C.C.M.という装置を10年かけてメーカーと共同開発し，自動化と省力化と安定的な染色を実現した。さらに公害抑制の観点から，新たに設備を設け

ることは極めて困難であることから，染色設備面においても，横山製網は競争
優位性を有すると言える。

④　組織（organization）

組織については，経済価値，稀少性，模倣困難性を十分に活用できるかどう
かが問われることになる。横山製網は，前述（4）横山製網の経営管理で言及
したように，ステークホルダーとしての従業員や近隣関係に配慮し，とりわけ
従業員に対しては，横山信昭は「高品質を保ち，納期を守ることができるのは，
社員一人一人が愛情を込めて網づくりに励んでくれていて，このことに尽き
る」と感謝している。

(2)　社会情緒的資産モデルのステークホルダーとの関係の視点から

最近注目を集め始めている社会情緒的資産理論のGomez-Meija, et al.（2011）
の概念モデルに依拠し，横山製網の「社会情緒的資産」が具体的に何であり，
「社会情緒的資産」が企業家活動や経営パフォーマンスにどのような影響を与
えているかについて考えてみたい。

ここでは，横山製網の社会情緒的資産の具体的な内容について考えてみよう。
企業によって，社会情緒的資産の内容は変わってくるはずである。横山製網の
社会情緒的資産は，事例分析から考察すると，①顧客重視，②家業存続および
③経営の精神がキーワードであり，それが企業家活動に影響したと考えられる。

①　顧客重視

漁網には有結節漁網と無結節漁網があり，横山製網では有結節漁網の製造を
行っている。そして，設備を拡充させながら，工程の内部垂直統合を行い，一
貫生産で多品種少量型のオーダーメイドの漁網製造を行うに至っている。工場
は日本国内のみで，海外生産は一切考えていない。

横山製網が成長した要因として，はっきりとした資料は残っていないものの，
1つには「品質」を重視してきたことが考えられる。漁網業界からもそのよう

に見られてきた。会社全体に品質重視の価値観が浸透し，品質維持のために国内生産にこだわっている。

　しかし，品質が良いということは，必然的に価格も高くなる。横山製網の漁網は，業界で最も価格が高い。その製品競争力を支える要因は，納期を必ず守るということである。漁業は捕れる魚の時期があり，漁網の納期が遅れることは漁業者にとって大きな痛手となる。同社は，漁網販売窓口である全国各地の漁網漁具販売業者，漁業協同組合，漁業組合連合会を定期的に訪問して漁業者のニーズをつかみ，発注を受け，オーダーメイドの個別製品として出荷している。内部垂直統合の一貫生産は，オーダーメイドの漁網製造と納期厳守の両方に役立っている。

　横山製網が事業領域を選択する際に，オーダーメイド型差別化製品領域を選ぶのか，それとも汎用型大量生産品を事業領域として選ぶかは，経済合理性で計算してどちらが有利かを事前に判断することは困難だったと推察されることから，経営者の価値観に影響を受けたものと考えられる。横山製網の創業者は，海産物問屋の経営者であり顧客のニーズを重視してきたと推測できる。

　このように，ファミリービジネスとしての横山製網の社会情緒的資産の1つは，顧客重視による事業存続というアイデンティティであると言えよう。

② 家業存続

　横山製網のもう1つの具体的な社会情緒的資産は，家業として事業を存続させるという「家業存続」であると考えられる。「家業存続」については，二代目社長までは無意識であったかもしれない。だが，三代目社長の横山信昭が勤務していた金融機関を退職し，実家の横山製網へ帰るきっかけは，直系の後継者がいないと金融機関からの信頼を得られず，ひいては実家の会社の存続が困難になると考えたからであった。

　「家業存続」という言葉には，無理をしてまで「上場企業」への拡大を望まないという意味が含まれているのではないだろうか。地方銀行に勤務をしていた横山信昭であれば，横山製網を上場企業にまで成長させることは決して難し

いことではなかっただろう。1975年の時点では，横山信昭はまだ社長には就任していなかったが，実質的には経営を任されていた。

　横山製網は，機械設備に投資してきたが，現時点から振り返れば，適切な規模に抑えられている投資であったと言える。日本の漁獲高は，まだ拡大している時期であり，漁網への需要も大きかった中で，あえて家業と呼べる範囲に留まったのは，「家業存続」という社会情緒的資産があったためと考えられる。逆に，「家業存続」という社会情緒的資産を持たない企業は，業界が成長している環境を活かして大規模な投資を行い，企業の拡大発展を目指すのは自然なことである。

　もう1つの事実として，横山信昭は，常に自己資本比率の向上を経営課題として取り組んでおり，現在は県内屈指の高さを実現していることを挙げることができる。一般に企業が適切な範囲で借入金を活用することはごく当たり前であり，自己資本比率を高めることは一朝一夕には達成することは困難で比較的長い期間を要する。そういった状況でも自己資本比率を上げ続けた要因は，「家業存続」という社会情緒的資産が事業展開の基盤にあったためと考えられる。仮に過大な設備投資をしていたら，予想外の漁業の不振による漁網の需要低下を迎えている今日において，負の遺産を抱えてしまうことになる。そのために「家業存続」は，事業展開の行き過ぎに対する安全ブレーキとなっていると考えられる。

③　経営の精神

　さらに，横山製網の社会情緒的資産として，企業家活動を肯定的に捉えてきた経営の精神を挙げるべきであろう。上述の「家業存続」とは一見相容れないようにも見えるが，「家業存続」だけであれば，オンリーワン型企業としての地位を築くには難しかったと考えられる。現に初代社長は，高価でありまだ黎明期の漁網製網機を購入して，海産物問屋から漁網製造販売業に進出しており，機を逃さず，成長の見込める業種へ転換を図って成果を上げた。また，三代目社長横山信昭は，顧客の要求に応えるために，積極的に外部のメーカーとタイ

アップをして自社オリジナルの機械設備を開発しており，新機軸の活動に肯定的な経営を継承している。海外輸出にも力を入れ，最近では有害魚類防御ネットという新分野でも国内トップシェアを誇っている。

　次に，社会情緒的資産が経営パフォーマンスに与える影響について考えてみよう。Gomez-Meija, et al.（2011）の概念モデルでは，社会情緒的資産が，管理プロセス，戦略的選択，組織的ガバナンス，ステークホルダーとの関係，ビジネス・ベンチャリングという5つの側面に影響を与え，経営パフォーマンスにつながるとしている。

　横山製網の社会情緒的資産は，①顧客重視，②家業存続，③経営の精神を基盤とするアイデンティティであると考察した。これらが，横山製網の三代目と四代目社長の計画的な事業承継，人材育成による高品質製品製造，内部垂直統合の一貫生産，狭い家族の範囲での株式保有，高い水準の自己資本比率，良好な近隣関係の構築が，経営パフォーマンスとして，有結節の沿岸漁網の国内シェアナンバーワンを達成し，人手不足時代にあっても順調な人材採用ができ，社外から会社への高い評価，そして家業存続の実現を達成していると考えられる。

　最後に，本章の分析の視点で掲げた，オンリーワン型企業におけるリソース・ベースト・ビューの視点から，立地の自由度が高いことが，地域との関係を希薄にしているのか，あるいは何らかの関係を有しているのかという課題を考察してみよう。細谷（2017）は，ニッチトップ型の企業が立地の自由度は高いと指摘しているが，横山製網にもこのことが当てはまっている。内部垂直統合の一貫生産を行っていて，地場の産地でよく見られるような工程分業という関係を築いていないからである。内部垂直統合の一貫生産であるならば，立地の制約を受けることなく，たとえば，交通の便の良いところや労働者を雇用しやすい場所に移転することもあり得たかもしれない。染色設備を新規設置することが困難である今となっては，現実には会社の移転は難しいことである。

だが，仮に条件がクリアできたとしても，横山製網は果たして移転するだろうか。Gomez-Meija, et al.（2011）の概念モデルでは，「ステークホルダーとの関係」が1つの側面として明示されている。横山製網の事例では，地域の近隣関係にも歴代経営者がいろいろと細かな配慮を行っている。「地域」というステークホルダーを重視している表れであろう。

　横山製網は，現在でも陸の孤島を思わせる地域に立地しているが，その場所で創業100年を迎える老舗企業として操業を続けてきた。このことから，社会情緒的資産の構成要素として「地域からの信頼」を加えるべきかもしれない。立地の自由度が高いタイプの企業であっても，社会情緒的資産の内容次第で，一定の場所に留まるような説明も成り立ちうると考えられるのである。

6 おわりに

　本章では，オンリーワン型企業である横山製網の事例を取り上げ，バーニーのVRIOフレームワークによって，横山製網の競争優位と持続に関する要因の分析を試みた。さらに，社会情緒的資産の視点から，横山製網の経営成果に対する影響要因の考察を行った。社会情緒的資産の議論はまだ緒に就いたばかりであるが，今後の発展が望まれるところである。

　それでは，横山製網の事例を社会情緒的資産の視点から考察する意義は何だろうか。今回の経営者からの聞き取り調査では，幸いなことに社会情緒的資産の具体的な内容を考察する手がかりになる内容を得られた。横山製網の漁網製品が百年にわたり誕生期，成長期，成熟期の各段階を経てきた間，同社の歴代の経営者は，顧客重視，家業存続および経営の精神を事業の基盤とすることを変えてこなかった。このことが，他社と差別化しうる経営資源の蓄積につながったことを確認できたのである。

　また，歴代経営者の姿勢の一貫性は，業界の成長期において競争優位性を維

持しながらも，長期的な視点から上場を目指す拡大路線を採用しなかったことにつながったと推測できる。このような判断は，バーニーのVRIOフレームワークだけでは導き出すことは困難であり，社会情緒的資産の視点の可能性を示すものではないだろうか。さらに，立地の大きな不便さがありながら，そして移転することも決して不可能ではなかったにもかかわらず，同一の地域に留まって事業展開してきたことは，歴代経営者が地域からの信頼を重視して社会情緒的資産の構成要素としてきた証左であると考えられる。

注

1　細谷（2017），p.27.
2　細谷（2017），p.30.
3　Barney（2002），p.159，邦訳（2003）p.250.
4　水産庁，http://www.jfa.maff.go.jp/j/kikaku/wpaper/29hakusyo/attach/pdf/index-12.pdf
5　同上。
6　岡山県産業振興財団おかやま企業情報ナビ，
　　http://www.optic.or.jp/navi_company/com/m/company_detail/index/6154.html
7　山陽新聞社（1985），pp. 279-280.
8　赤岩（2009），pp. 235.
9　森下製網の動向の詳細は，赤岩（2009）を参照。
10　山陽新聞社（1977），p.134.
11　山陽新聞社（1977），pp.134-135.
12　吉形編（1972），pp.173-174.
13　岡山県産業振興財団おかやま企業情報ナビ，
　　http://www.optic.or.jp/navi_company/com/m/company_detail/index/6154.html
14　山陽新聞社（1977），pp. 134-135.
15　山陽新聞社（1977），p. 136.
16　山陽新聞社（1977），p. 137.
17　横山信昭社長・会長へのヒアリング調査（2013年11月29日，2018年5月22日，岡山県瀬戸内市の横山製網本社にて）
18　日東製網株式会社，http://www.nittoseimo.co.jp/35/76/

※事例作成については，下記の資料，ホームページも参考にした。

資料

植田展大（2017）「漁協・漁業者と連携を進める漁網メーカー」『農中総研　調査と情報』第
　　61号，20-21頁。

岡山日日新聞社（1978）『'77岡山県展望』岡山日日新聞社。

岡山日日新聞社（1978）『'78岡山県展望』岡山日日新聞社。

岡山日日新聞社（1990）『'91岡山県展望』岡山日日新聞社。

岡山日日新聞社（1991）『'92岡山県展望』岡山日日新聞社。

邑久町役場（1972）『邑久町史』岡山県邑久郡邑久町役場。

経済産業省（2001）『平成12年繊維統計年報』経済産業統計協会。

経済産業省（2011）『平成22年繊維・生活活動用品統計年報』経済産業統計協会。

経済産業省（2018）『平成29年経済産業省生産動態統計年報　繊維・生活活動用品統計編』
　　経済産業統計協会。

瀬戸内海経済レポート（1994）『1995年版岡山企業年報』瀬戸内海経済レポート。

瀬戸内海経済レポート（2003）『2004年版岡山企業年報』瀬戸内海経済レポート。

瀬戸内海経済レポート（2011）『2012年版岡山企業年報』瀬戸内海経済レポート。

瀬戸内海経済レポート（2014）『2016年版岡山企業年報』瀬戸内海経済レポート。

通商産業大臣官房調査統計部編（1991）『平成 2 年繊維統計年報』通産統計協会。

山本興治（1980）「最近の漁網業界」『下関市立大学論集』第24巻第 1 号，165-193頁。

横山製網株式会社パンフレット。

ホームページ

水産庁「漁業就業者をめぐる動向」（2019年 2 月10日閲覧）
　　　　http://www.jfa.maff.go.jp/j/kikaku/wpaper/h29_h/trend/1/t1_2_2_3.html

水産庁「漁業・養殖業の国内生産の動向」（2019年 2 月10日閲覧）
　　　　http://www.jfa.maff.go.jp/j/kikaku/wpaper/h29_h/trend/1/t1_2_2_1.html

水産庁「世界の漁業・養殖業生産」（2019年 2 月10日閲覧）
　　　　http://www.jfa.maff.go.jp/j/kikaku/wpaper/h29_h/trend/1/t1_2_3_1.html

水産庁「第Ⅰ章　水産業に関する技術の発展とその利用─科学と現場をつなぐ─」
　　　　（2019年 2 月10日閲覧）
　　　　http://www.jfa.maff.go.jp/j/kikaku/wpaper/29hakusyo/attach/pdf/index-12.pdf

日東製網株式会社（2019年 2 月10日閲覧）
　　　　http://www.nittoseimo.co.jp/35/76/

日本製網工業組合「組合員名簿　50音順」（2019年 2 月10日閲覧）
　　　　https://seimou.exblog.jp/1718430/

（戸前　壽夫）

伝統企業のリニューアル

1　はじめに

　高岡市は，富山県の北西部に位置する，富山県第2の都市である（人口，約17万人）。江戸初期の慶長14年（1609年）に加賀藩二代目藩主の前田利長が築いた高岡城の城下町として開かれた町である。高岡銅器，高岡漆器，菅笠¹などの伝統産業と，アルミ，化学，薬品，紙・パルプなどの近代工業がともに盛んなものづくりの町として発展してきた。

　代表的な伝統産業の高岡銅器は，慶長16年（1611年），前田利長が町の繁栄を図るため，高岡城下（現在の高岡市金屋町）に7人の鋳物師を呼び寄せて製造を始めさせたことが起源とされている。7人の鋳物師によって始められた工場では，当初は，鍋や釜，農具などの日常的に使われる鉄器が作られていたが，江戸中期になると生活や文化の向上に伴い，次第に仏具や花瓶，茶道具などの銅器生産が盛んになっていった。

　明治時代には，銅器問屋（企画開発，販売）からの注文に応じて鋳造，研磨，彫金，着色，仕上げの工程を専門業者や職人が請け負う分業化が進み，現在の

ような産地問屋を頂点とする分業体制が確立した。明治政府の廃刀令により職を失った多くの刀鍛冶が高岡に来て銅器作りをするようになったことも，高岡銅器産業の発展に寄与したと言われている。その後，設備の近代化や技術革新（動力使用，新式の溶解炉，送風機，真鍮研磨機の導入など）が進み，戦後には輸出用やギフト用の銅器需要が増加，1990年には銅器販売額のピーク（約380億円）を迎える。

　しかし，生活様式の変化にうまく対応できなかったことなどで需要が落ち込み，産地出荷高が2003年には最盛期の半分以下に減少し，2014年には約120億円にまで大きく縮小している。職人の高齢化も進み，60代以上が3割に達するなど，後継者不足の問題も同産地に暗い影を落としている。「動悸業界」と揶揄されても仕方ない低迷ぶりである。

　ところが，最近，優れたデザイン性と独自の鋳造技術による錫の柔らかい金属特性を生かした斬新な製品の企画・開発により，「作っても，作っても（供給が）追いつかない」ほどのヒット商品を次々と生み出し，鋳物製品の新たな需要を創り出している企業がある。海外市場での評判も高く，日本を代表する鋳物メーカーに急成長した，「株式会社 能作」（以下，能作）がその企業である。

　この章では，400年という長い伝統産業（高岡銅器産業）で培ってきた鋳造[2]技術を生かして新しいマーケットを作り上げることに成功した鋳物メーカー能作を取り上げ，地域に根ざしたファミリービジネスが実践する事業のリニューアル（再創業）が，どのようなロジックで展開されていき，地域活性化の駆動力となっていったのか，について考察したい。

　事例（能作）の考察に入る前に，次節で，事業のリニューアル（再創業）とはどのような概念なのかについて理論的な視点から検討しておこう。

2 事業のリニューアル──再創業

　長らくの間，「同族経営（ファミリービジネス）は三代で潰れる」，つまり短命だというのが通説だった。「売り家と唐様で書く三代目」（日本），「三代経つと手元にシャツ1枚」（アメリカ），「三代目は祖先の田んぼに戻って野良仕事」（中国）と，世界中に同じ意味のことわざが存在する（武井，2014）。家業の次世代への承継が難しく，因習的で閉鎖的な経営方式のため，一般企業に比べて寿命が短い，というのが常識だった。

　ところが，最近の研究調査（韓国銀行，2008；後藤編，2012；帝国データバンク，2013）によれば，日本には創業200年以上の企業が世界で最も多く存在し，「長寿企業大国」であることが明らかになっている[3]。それらの長寿企業の多くはファミリービジネスであることが知られている。

　日本のファミリービジネスの大きな特徴として，祖業に固守せず，その時代や環境の変化に応じて経営革新を行い，大胆に事業内容を変えていく，いわば事業のリニューアルの事例が数多く見られる。後藤（2012）の調査によれば，創業200年以上の企業（3,113社）[4]の2割は現在の業種と創業時の事業内容が異なっているほか，創業100年以上の企業（110社）では本業以外の分野に進出していた企業が3割あったという。保守的で，リスクを取らず，かたくなに伝統や代々の事業に固守する守成的な経営では，絶え間ない環境変化の中で生き残れるはずがない。時代や環境変化に合わせて絶えざる事業創出を積極的に展開することにより，ファミリービジネスの長寿が保たれてきたのである。

　ファミリービジネスにおける事業のリニューアルは，とりわけ世代交代（当主の代替わり）が重要な契機となるケースが多く見られる（加藤，2014；奥村・加護野編，2016；尹，2017）。先代から経営をバトンタッチされた承継者によって企業のビジョンや戦略が再構築され，既存事業の見直しによる事業ポートフォリオ（事業の組み合わせ）の改革や，新規事業の創造を通じてさら

なる成長が図られていく。このような次世代による事業構造の大幅な組み換えや新事業展開を「再創業」と捉えることが多い。再創業が世代交代を機に行われるのは，生え抜き社長とは違い，自分を選んでくれた人々に対する配慮やしがらみにとらわれない次世代の承継者は，経営上の意思決定を自律的に行える立場におり，それまでのファミリービジネスではタブー視されていた事柄や古い仕組み，旧慣行の思い切った変革にリーダーシップが発揮できるからである。

　ファミリービジネスを存続させていくためには，従前の事業を円滑に維持すること（狭義の事業承継）に止まらず，新たな製品分野や市場に進出して事業を大きく変革させること，つまり再創業が重要である。再創業に向けた新規事業の展開や新たな製品・サービス提供の実現には「経営革新」が欠かせない。新しい技術や販路開拓，組織改革，管理方式の見直しには，新たなイノベーションが求められるからである。経営革新とは，企業が存続していくためには，環境の変化に応じて，それまでの戦略や組織，技術，構成員の意識・行動パターンを変えていくことをいう。環境変化に受け身的に対応するのではなく，新事業開発を行ったり，高収益分野への事業構造転換を図るための技術力やビジネスシステムを革新したりするなど，環境変化へ能動的に対応することが経営革新にほかならない。

　再創業を成し遂げるには，経営革新が不可欠である。新たな製品・サービス分野，新しい市場への進出には，既存事業や市場に対する戦略・組織体制に大きな転換が伴う。本章で取り上げる能作の場合，それまでの下請け会社としての経営や戦略，組織構造，人々の意識（組織文化）を経営革新によって変革し，一貫生産のメーカーへの進化を遂げている。次節で，能作がどのようにしてリニューアル（再創業）を実現していったかについて詳しく述べたい。

3 事例：能作——老舗のリニューアル

(1) リニューアルプロセス

① 下請けからメーカーへ

　能作は，日本の銅器の9割以上を生産している高岡市（富山県）で，大正5年（1916年）に創業した。創業以来，産地で受け継がれてきた鋳造技術を用いて，主に仏具や茶道具製造を手掛けていた。同社は，産地における分業体制の中で，鋳物の生地（着色前の素地）を製造し問屋に渡す生地屋（素材業），つまり典型的な下請け企業であった。現社長の能作克治が入社した1984年当時は，従業員が10名足らずの地方の零細ファミリービジネスにすぎなかった。

‖‖ 図表4-1　能作の沿革

年	特 記 事 項
1916	高岡市京町にて仏具製造を開始
1967	有限会社「ノーサク」設立
1984	能作克治，入社
2001	バージョンギャラリー（原宿）にて初の展示会開催
2002	社名を「株式会社 能作」と改称
2003	能作克治，四代目社長に就任
	錫（100％）製の鋳物（主にテーブルウェア）製造を開始
2009	日本橋三越本店に「高岡 能作」として出店
2011	松屋銀座店に「能作」として出店
2012	パレスホテル東京に「能作」として出店
2013	阪急うめだ本店に「能作」として出店
	第5回「ものづくり日本大賞」経済産業大臣賞を受賞
2014	福岡三越に「能作」として出店
	ミラノに「能作」として出店
	医療機器製造業許可を取得
2016	創業100周年，博多阪急に「能作」として出店[6]
2017	新社屋（本社，工場，見学・体験施設）完成
	バンコク，台湾に出店

出所：能作HPほかより抜粋し，筆者作成

しかし現在は，生地屋の下請けから脱皮して企画・開発，製造の一貫生産を行うメーカーとなり，全国のセレクトショップ[5]や有名百貨店を中心に800の取引先と13の直営店を持つ日本を代表する伝統工芸ブランドに成長している。従来の鋳物の古いイメージを打破し，斬新なオリジナルデザインの商品（風鈴，曲がる食器など）を次々とヒットさせてきた。社名の「能作」それ自体がいまやブランド化するほどの変身を遂げ，停滞する高岡銅器産地に新たな息吹をもたらす存在として地域内外から大きく注目されている。

創業以来80年間，ほとんど地元（高岡市）から出たこともない一介の下請け（生地屋）企業にすぎなかった能作は，東京で開いた初の展示会（2001年）以降，全国の有名百貨店に次々と出店（直営店）を実現し，最近はニューヨーク，タイ，台湾などの海外にも店舗を構えるようになっている[7]。

日本のファミリービジネスには，「本業専一」[8]を重視しながらも，時代の変化に合わせて本業を一変させる事業のリニューアル（再創業）の事例が多く見られる。能作の場合は，本業をそっくり取り換えるような事例ではないが，400年の歴史を持つ産地で培ってきた鋳造技術を活かし，新しいコンセプトの鋳物製品を企画・開発することにより事業を大きくリニューアルすることに成功した事例である。

2017年，能作は，創業100周年を機に工場と見学・体験施設を兼備した新社屋を建てている。周辺に広がる美しい稲田の向こうに北陸地方の連山を望む約4千坪の敷地に建てられた新社屋の外観は，近代美術館を連想させるような，モダンなデザインの建物となっている。鋳造の炎をイメージしているとされる赤色の屋根が特に印象的である（**写真4-1**参照）。新社屋の中には，見学コースが設けられている工場，オフィス（本社）のほかに，ショップ「FACTORY SHOP」，鋳物製作体験工房「NOUSAKU LAB」，カフェ「IMONO KITCHEN」などが併設されており，富山県外からも大勢の見学者が訪れている[9]。

②　新しいマーケットの創造

ⓐ　デザイン風鈴

　能作は，社屋が新しくなっただけではなく，事業内容そのものがここ15年間で劇的な変化を遂げている。従来の仏具製作に代わり，金属（真鍮，錫）素材の良い部分を伝統鋳造技術で活かしつつ，現代の生活様式にマッチした斬新なデザインの鋳物商品を主力事業として育ててきている。80年間にわたって行ってきた事業内容を大きくリニューアルしたのである。

　能作のこのような事業のリニューアルは，2つの要因が作用している。1つは，生地屋の時代に抱いていた能作社長の強い「願望」である。「製品の原型製作→鋳造→仕上げ加工→着色」という産地における分業体制の中で，能作は着色前の生地を問屋に卸す下請けだったが，能作社長は「自分たちが作った生地がどんな色になり，どこで誰にどのように販売されているのか。商品を使っているお客様の顔が見たい，お客様の声を聞きたい。いつかは自社独自の商品を開発したい」という願望を強く抱くようになっていた。

　現能作社長は，そのような願望を単なる願望として終わらせず，それを実現すべく機会探索的な行動を取った。それが2つ目の要因である。突破口となるようなきっかけを探っていた能作社長は，2001年，高岡市内で開かれたある勉

強会に参加。そこで，勉強会の講師を務めていたデザインコーディネーターの立川裕大と出会う。その勉強会で，立川はイタリアのものづくりを紹介する中で商品開発におけるデザインの重要性を指摘し，イタリア製のステンレスボウルを披露した。それを見た能作社長は「自社製品とそんなに変わらない」と思い，その次の勉強会に旋盤にかけたままの真鍮製の「建水」（茶道具）を持ち込んだ。それが立川の目に留まり，イタリアのボウルに比べて遜色がないと評価，能作社長に東京での展示会を勧めたのである。

東京（原宿，バージョンギャラリー）での初の展示会では，完成品を持たない生地屋だったため，半製品（旋盤にかけたままのピカピカの花器や建水）を並べるほかなかったが，唯一，展示会用に急きょ開発した卓上ベル（真鍮製）を一緒に展示した。最初のオリジナル商品となる卓上ベルは，真鍮ならではの澄み切った音色で話題を呼んだものの，日本ではベルを使う習慣がないこともあって，期待したほどは売れなかった。ただ，その後，卓上ベルを扱ってくれていたあるセレクトショップ（東京）の女性スタッフから，「能作さん，この卓上ベル，風鈴にしてみたらどうですか。音がきれいだし，スタイリッシュだからきっと売れますよ」と勧めてくれたのである。

風鈴といえば，「お寺の鐘」の形をしていて，古いイメージがある。しかも，エアコンの普及によって，今では窓辺に風鈴を吊り下げるような風習も見られなくなっている。しかし，セレクトショップの女性スタッフがあまりにも自信たっぷりに勧めるので，デザイン性を強調した風鈴を半信半疑で売り出してみたところ，言葉通りに「火が付いたように売れ出した」[10]という。「デザイン風鈴」という新しいマーケットを創り出したのである。

⑥ 逆転の発想がもたらした曲がる器「KAGOシリーズ」

能作の最も代表的な商品に錫製の「曲がる器」（KAGO）がある。「デザイン風鈴」のヒットで販路も徐々に広がっていた頃（2005年），取引先ショップの店頭販売員の「金属製の食器を作ってほしい」という提案がもととなって開発された商品である。

日本には金属を食器とする文化がない。日本人は，木製品や陶磁器を好み，金属に対しては「冷たい，金属臭がする」というイメージを持つ人が多い。したがって，金属製の食器と言われても，最初は「どうかな」と能作社長は思ったという。可能性を探る過程で，同社が扱い慣れている銅合金は食品衛生法上，食器としての使用が認められないことが判明し，食器の素材として問題なく，しかも技術的に製造可能な「錫」に的が絞られていった。

　錫製品の場合，一般的に，錫にアンチモンや銅を加えた合金である「ピューター」[11]が使用される。錫は柔らかい性質を持つ金属なので，加工を容易にするためである。硬くないと，切削や研磨などの加工が難しいからである。しかし能作社長は，「ピューターについては，他の産地が存在する。他の所ではやっていないことをやろう，と。ピューターだと革新性がない。物まねが大嫌いなので，世界で誰もやっていない鉛フリーの純度100％の錫でやることにした」という。

　能作社長が純度100％の錫の食器に拘った理由としては，実は，錫には次のようなメリットもあったからである。

- 空気中や水中でも腐食せず，錆びにくい
- 抗菌性がある
- 100％錫製の食器は世の中にないので，差別化が図られる

　ところが，錫は柔らかく，粘っこい素材なので，加工が難しい。柔らかいため，削ることも研磨することも簡単にはいかない。完成品（商品）にしても，曲がってしまう。精度の高い型を開発して型通りの商品を作っても，商品として使っていくと，どうしても曲がってしまうのである。錫の厚みを持たせれば曲がりやすいという欠点に対処できるが，そうするとコスト（材料費）が増えてしまう。

　このようなジレンマに悩んでいたとき，ちょうどその頃に同社と一緒に商品開発を始めていたデザイナー小泉誠の一言に能作社長は解決策を見出す。能作社長が「素材としてはいいのだが，柔らかく，曲がってしまうのが欠点だ」と話すと，「曲がるのなら曲げて使えばよいのでは」とデザイナーの小泉はアド

バイスしたのである。柔らくて曲がってしまう素材の性質を，「欠点」ではなく，最大の「特徴」として生かす逆転の発想がこうして生まれ，能作の代表的なヒット商品，曲がる器の「KAGOシリーズ」の開発をもたらした。

　曲がる「KAGOシリーズ」は，伸ばしたり，曲げたりして，様々な用途で使用できる商品である。網目状の平らな形から，引き伸ばして立ち上げることでフルーツやパンのバスケットにしたり，ワインホルダーにしたりと，自由に形を変えられる。このように，金属なのに自由自在に曲げられるという，常識を覆す新しいコンセプトの器として，高いデザイン性も兼備していることもあって，国内市場のみならず，海外でも高い人気を博している。

||| 写真4-2　曲がる器「KAGOシリーズ」　　（能作提供および同社HPより引用）

　伸ばしたり，曲げたりして，様々な用途で使用できる曲がる「KAGOシリーズ」。引き伸ばして立ち上げることでフルーツやパンのバスケットに，ワインホルダーにと，自由に形を変えられる。「金属なのに自由自在に曲げられる」新しいコンセプトと高いデザイン性で，国内市場のみならず，海外でも高い人気を博している。

ⓒ　流通の仕組みの変革

　能作には，営業マンが1人もいない。いわゆる「営業部」と称する部門が存在しない。年に1，2回，展示会やビジネスショーにその年の新製品を発表し，それを見た相手先から「能作の商品を扱いたい」という要請があれば直接販売をする。能作から営業をかけるようなことは一度もなかったという。しかし，今では全国の有名デパートやセレクトショップ，空港などのお土産コーナー，生活雑貨の小売店などに商品を卸すまでになっている。

　能作は新しい販売先を開拓する際に，分業体制により支えられてきた産地の共存共栄に配慮し，「新製品はすべて市場に出す」「昔から作っている製品は産地の問屋を飛び越えない（既存の製品はすべて問屋を経由する）」ことを重視してきた。新規に開拓した販売先に対しては，まず「高岡の問屋と付き合いがないか」を確認し，もし能作と取引している問屋と付き合いがある場合は問屋を通すようにし，産地問屋を優先してきた。

　ただ実際は，新しく開発したオリジナル商品を県外（全国）に展開する際に，問屋と取引があれば産地の問屋を介して行うことを考えたものの，新しく開拓

||| 図表4-2　従業員・売上高の推移

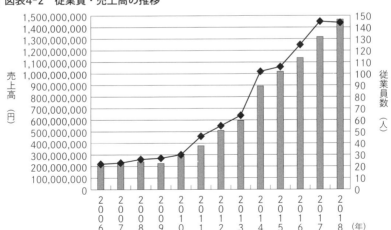

出所：能作からの提供資料をもとに筆者作成

した取引先と取引関係を持つ問屋が地元（高岡）にはなかったという。このことについて能作社長は，「伝統産業というのは，作っているのも古いが，流通も伝統（つまり古い）だった」とコメントしている[12]。能作は，産地の共存共栄に反することなく，新しい販路を伸ばしていくことができたのである[13]。

能作は，営業部門を抱えていないにもかかわらず，順調に業績を伸ばし，2003年は1億円を過ぎなかった売上高が，2018年には約15億円となり，毎年15～20％の伸び率を達成している。最近は，医療機器の開発やブライダル事業[14]などの新しい分野にも力を入れ始めている。

海外市場における販路も広げつつある。海外の著名な展示会への出展を通じて販路を開拓している[15]。その際，日本の商品をそのまま持ち込むのではなく，現地の文化や生活様式に合わせて開発したものを展開している。たとえば，フランスではフランス人がデザインした食器を販売している。

||| 図表4-3　能作の歩み

創業1916年
- 生地屋（仏具関連）
- 四代目社長能作克治　入社（1984年）

　　　＜創業期＞

下請けからメーカーへ
- 初の展示会開催（2001年）
- 能作克治，四代目社長に就任（2003年）
　初のオリジナル商品「デザイン風鈴」の大ヒット
- 「曲がる器」シリーズの開発（2006年）

　＜事業のリニューアル＞

現在
- 新社屋完成（2017年）
- 長女への事業継承を視野に

　　＜飛躍期＞

(2)　高岡地域への拘り

能作の事例において特に特徴的なのは，地域との関係性をたいへん重視している点である。ヒアリングで，能作社長は次のように強調している[16]。

地域（高岡）あってのウチです。…【中略】高岡は伝統で育てられた町であって，その歴史的な背景があってはじめてウチの仕事が生きるわけです。ウチが利益をあげていくときは，やはり高岡も儲からないといけないという意識を持ってますね。…【中略】やはり，（仕事の場所は）高岡じゃないとだめだな。地域を大事にしないとね。（能作克治）

　同社の地域との関わりは，次のような取り組みに表れている。

①　工場見学

　まず，代表的な取り組みの１つに，「工場見学」が挙げられる。早い時期から鋳物製作の作業現場を一般に公開し，積極的に見学者を受け入れてきた。創立100周年の年に建てた新社屋（**写真4-1参照**）は，まるで見学者を受け入れるために建てたのでは，と思えるほど充実した見学施設が設けられている。

　能作の工場見学は人気が高く，年間，約10万人が訪れている（2018年現在）[17]。能作社長が工場見学を重視しているのは，30年ほど前の「原体験」がある。

　ある日，近所に住んでいた親子が工場に見学に来たことがありました。そのときに，子連れの母親が自分の息子（小学生）に「よく見てなさいよ。勉強しないとこんな仕事にしか就けなくなるよ」と囁いていたのが，ちょうど現場で仕事していた私の耳に入ったのです。そのときは，本当に唖然としましたね。あ，この人たちはウチの仕事をまるっきり知らないんだな，と。なら，自分たちの仕事をどんどん見てもらって知ってもらおう。そうすれば子供たちがもっと地域に誇りを持つようになるんじゃないかな，と思って工場見学を始めたんです。（能作克治）（2018年５月のインタビューより）

　同社は，高岡銅器は決して衰退産業ではない，地元の技術は世界に通用している，ということを，特に子供たちに示すために，炎が吹き上がる迫力のある鋳造作業を見学の時間に合わせて実施している。見学時間に合わせて鋳造工程を調整するため「採算の面ではマイナスとなることもあるが，子供が地元を好

きになる取り組みを止めるつもりはない」，と能作社長は語る。大勢の見学者に対応するための専門部署として「産業観光部」（25人規模）を新設してまでコストをかけながらも，見学者の受け入れに力を入れている。

　新社屋には，工場見学コースや鋳物製作体験工房（NOUSAKU LAB）のほか，ショップ（FACTORY SHOP），カフェ（IMONO KITCHEN）が併設されている。カフェでは，飲み物や，地元食材を使用した食事が能作の器（KAGOなど）で提供されており，飲食を通じてデザイン性に富んだ錫製の器を体感できるようになっている（**写真4-3**）。

　鋳物のメーカーがこのようなモダンなカフェを社内に併設し，飲食サービスに用いる食器として鋳物の器を積極的に取り入れているのは，単に自社製品の

||| **写真4-3　カフェ（IMONO KITCHEN）**　　（能作HPより引用）

社屋に併設しているカフェでは，飲み物や，地元食材を使用した食事を能作の器（KAGOなど）で提供。飲食を通じてデザイン性に富んだ錫製の器を体感できる。

プロモーションを目的としているだけではない。能作は，いまでは高岡銅器産地を代表する企業として産地内外から注目されるようになっている。産地のリーディングカンパニーとして，飲食の場面でどのように金属の器を使用したらよいかを実際に見せることで，高岡銅器の新たな用途の可能性をアピールしつつ，産地のブランドアップにつなげようとする行動として理解すべきであろう。立地コストの高い東京の直営店（パレスホテル東京店，日本橋三越店，松屋銀座店）についても，自社製品のプロモーションだけではなく，高岡銅器産地のブランドアップに寄与しようとする同社の意図が込められている。

② 産地内の他社との連携

　同社は，「作っても作っても追いつかない」需要を満たすために，産地の同業者に自社のノウハウを提供して製品を作ってもらっている。同業他社に道具まで持ち込んで仕事を依頼しているので，自社のノウハウが露出してしまうリスクがあるにもかかわらず，である。

　能作がデザイン風鈴の大ヒットで大きな注目を集めると，産地内から能作の真似をして真鍮製の風鈴を作る同業者が数社現れたが，能作は「真似する同業者がいるが，（東京市場に製品を出さない限り）口を出さないようにしている」という。この点について，自己利益の優先や競争よりも産地内における「共存」の重要性に触れながら，能作社長は次のようにコメントしている。

> 　伝統産業の場合，１社だけが強いのはあまり良くないんです。万が一，その１社（能作）がくしゃみをすれば，産地全体がくしゃみすることになりかねないからです。10社ほどいる状態が理想的です。…【中略】１社だけが成長しては産地のためには良くない。全体が活性化することが必要です。高岡がなければウチが生きていくことはできないからですね。（能作克治）

　産地の活性化のためには特定の１社の飛躍よりも産地全体の成長が重要であるという指摘は，他産地の事例にも見受けられる。静岡県の酒造産業は，一時期，衰退の危機に瀕していたが，現在は「吟醸王国」と呼ばれるほど，付加価

値の高い酒造りの産地として再活性化に成功した好例である[18]。吟醸酒向けの新しい「静岡酵母」を開発して静岡県の酒造産業の再活性化をリードした河村傳兵衛[19]も，産地全体の発展の重要性について，次のように述べている。

> 1社，2社が良くなっても，それらの蔵はいいかもしれないけど，静岡が吟醸王国と言えるのは全体がレベルが上がって，（静岡県の）どの酒を飲んでも美味しい，という評判が重要なんです。…（産地の発展のためには）県内の1社，2社の味が良くなるのではなく，全体が変わらなければいけない。[20]（河村傳兵衛）

能作社長は，ヒアリングの中で「地域のために何かしたい」「地域に貢献することが重要だ」「地域を大事にする会社でありたい」と何度となく強調していたが，それが単なる建前的なスローガンではないことは，実は全国で売上が最も高いのは，大消費地の東京や大阪ではなく，地元の富山県であるという事実にも表れている。つまり，「能作は地元に貢献する企業だ」というイメージが定着しているため，地元の人たちが能作の商品を買ってくれているのである。道ですれ違う地域住民から「地域のために頑張ってくださいね」とよく声をかけられると，能作社長は嬉しそうに述べていた。

また，10年前からパラリンピック選手の支援をしているほか，「株式会社プレステージ・インターナショナル（PI）」との共同出資で「能作プレステージ」という新しい会社を立ち上げ，高岡鋳物産業の伝統技術を進化させた新たな製品開発に取り組んでいる。高岡には鋳物づくりに関わる高度な技術を持った職人（着色師，彫金師，螺鈿師ほか）が大勢いるものの，日の目を見ずに埋もれている人が多い。彼らの技術を結集して，今までのものよりワンランク上の製品を開発することにより，国内のみならず広く世界に発信できる新しいブランドの開発を目指そうとするものである。東京に本社を持つPI社は，進出先（富山県）における雇用創出に止まらず，より一歩踏み込んだ地域貢献の一環として，高岡鋳物産業の伝統技術を継承・発展させる支援事業を能作と協力して取り組んでいる。

能作の15カ国にわたる海外展開についても，その理由の1つに，地域貢献へ

の思いがあるという[21]。同社が先陣を切って海外市場に進出し，道筋をつけることができれば，地域（産地）の企業も海外に進出しやすくなるだろう，と能作社長は述べていた。

③　ファミリービジネスの土着性

　それでは，なぜ，能作は地域との関係性を重視するのだろうか。自社利益を優先するのではなく，地域（産地）との共存を大切にしようとするのだろうか。
　同社が経済的合理性（財務的利益）に優先して展開している非財務的な活動の例を挙げてみると，以下のとおりである。

- 工場見学者の積極的な受け入れ（月に約1万人）
- 他社との連携（同業他社へのノウハウ提供，PI社との共同事業など）
- 地域ブランドの発信（直営店，カフェで金属食器の使用，マスコミ取材への積極対応など）
- 海外進出
- パラリンピック選手の支援　etc

　山田（2018b）は，地場産業の中小ファミリービジネスは，財務的利益といった経済的合理性よりも，地域における社会的な認知や地域の中での融和などの社会的動機といった非財務的な効用を優先していると指摘し，その理由は社会情緒的資産（socio-emotional wealth：SEW）理論で説明できる主張している。SEW理論は，経済的合理性（財務的な効用）を最優先する非ファミリービジネスとは対照的に，ファミリービジネスでは創業家メンバーが事業を通じて得られる非財務的な効用（non-financial utility）の追求を優先する，という視点に立っている（Gomez-Mejia, et al. 2007；2011）。
　ただ，SEW理論では，ファミリービジネスはファミリーの情緒的なニーズを満たすための非財務的な効用の追求によって強く動機づけられていると論じているが，しかし，そこには「地域」の概念が抜けていることを指摘しておき

たい。つまり，地域に根ざした日本のファミリービジネスの場合，ファミリーだけではなく，地域（産地）の繁栄，地域との深いつながり（土着性），地域への貢献といった「地域情緒的資産」の追求を重視しているのである。したがって，能作に代表されるような，地域に深く根ざして事業を営んでいる日本のファミリービジネスを議論するときは，"socio-emotional"（社会情緒的）の"socio"の概念を，ファミリー集団だけではなく，地域（産地）も含んだ意味として用いるべきであろう。

飯盛（2016）は，ファミリービジネスが地域と深い関係性を持とうとするのは，「ファミリー」という特性に帰結すると指摘している。経営を担うファミリーメンバーは「その地域で生まれ，育ち，ステークホルダーとの関係性も地域に埋め込まれている（embeddedness）」ので，地域への愛着・貢献意識が自然と生まれてくる[22]。ファミリービジネスは地域の経済を支える存在であると同時に，地域から様々な資源（人材や原材料，資本，顧客など）を受け取って生きている存在でもある。この関係性を，飯盛（2016）は「資源相互依存的な関係性」と呼んでいる。

山田（2018b）は，「地場産業の独自性や優位性を環境変化に合った変換によって経済的な価値を生み出すには，旧来の制度や仕組を環境との矛盾を解消して再構築する変化の持続が必要」であり，その変化の持続を主導するのは「地域に根ざして代々事業を承継してきた土着のファミリービジネスが果たしうる」と主張している。地域に変化（変革）のきっかけを作る役割は「よそ者」が果たせても，「地域社会に埋め込まれた歴史的および社会的要因と親和性」のないよそ者が変革の持続を主導するのは難しい。

福井県出身で婿である能作克治は，「旅の人」（よそ者）[23]として地域に変化を引き起こしながら，同時にその変化を主導的にリードしているファミリーアントレプレナーである。「ベルよりも風鈴のほうがカッコ良い」「曲がるなら曲げて使えばいいのでは」という声に敏感に反応できたのは，おそらく能作社長が「旅の人」の経歴を持っていたからであろう。一方，「高岡（銅器産地）あってのウチだ」という土着の意識も強く持っているからこそ伝統技術に拘っ

た継続的なイノベーション創出が可能だったと言えよう。

　飯盛（2016）と山田（2018b）の主張を踏まえれば，能作は，地域に深く根ざした存在として，高岡（銅器産地）の優れた伝統技術を時代の変化に合わせて変換し，新しいマーケット（錫の食器など）を創造した典型的な土着のファミリービジネスと言える。従来の銅器製品とは異なる新しいコンセプトの商品（デザイン風鈴，曲がる器など）開発により，「銅器は売れない」「日本人は金属の食器を好まない」という固定観念を変革した。問屋を軸とした古い売り方も変え，直接販売方式（直販店，セレクトショップ，ネット通販）というマーケティングのイノベーションを行い，自ら販路を広げていった。能作は，歴史（伝統）に埋没していたものづくりのあり方も，販売方式も，新しい変化に合わせて再構築したのである。能作のイノベーションは，地域に深く埋め込まれた土着性を基盤とする行動に強く支えられている。

4　おわりに

　能作は，地域との深い関わりの中で，事業のリニューアルを実現することで下請けからメーカーへと脱却し，高岡銅器産地を代表するリーディングカンパニーとなった事例である。

　第3節で述べた工場見学など，同社の地域貢献活動は，一見すると慈善活動のように見える。しかし，実は，そのような地域との関わりの中で，事業のリニューアルの実現に欠かせない様々な「経営革新」を生み出していることを見逃すべきではない。工場見学者への円滑な対応のための「産業観光部」の新設（組織革新），斬新なデザインの風鈴や曲がる器「KAGOシリーズ」などのプロダクト・イノベーション，販売方式の変革（流通革新），現場の人々の意識（組織文化）改革[24]などである。

　これらの経営革新は，非財務的効用を追求する過程で生み出され，その結果

として経済的パフォーマンスの向上がもたらされている。能作の一連の非財務的行動は，地域に対する単なる慈善的なものではなく，自社における事業のリニューアルの実現にとって必要な活動であったし，その結果としての経済的リターンである，というふうに解釈すべきであろう。能作のような地域のファミリービジネスが，経済的利益に優先して非財務的効用を重視しているにもかかわらず，高い経済的なパフォーマンスを獲得できている本質的な理由は，実はここにあるのではないだろうか。

||| 図表4-4　能作におけるSEWと業績との関係

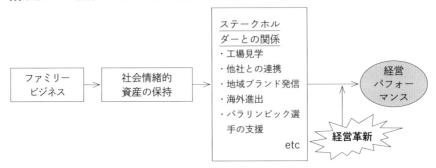

Gomez Mejia, et al.（2011）は，ファミリービジネスにおける経営に関わる意思決定を次の5つの側面に分類した上で，社会情緒的資産の保持や増強に関する欲求とそれらの意思決定がどのように関係するのかについて論じている。

- 管理プロセス（Management Processes）
- 戦略的選択（Strategic Choices）
- 組織的ガバナンス（Organizational Governance）
- ステークホルダーとの関係（Stakeholder Relationships）
- ビジネス・ベンチャリング（Business Venturing）

能作の場合，Gomez Mejia, et al.（2011）のモデルに沿って言うならば，同

社における社会情緒的資産の保持や増強は地域社会における利害関係者（顧客，同業他社，サプライヤー，地域住民など）との関わりの中で展開されている。地域社会との関係を通じて高められた「評判」は，社会的にも，地理的にも，高岡地域に埋め込まれているファミリービジネスの同社にとって，経営上，たいへん重要な機能を果たしている。地域社会における利害関係者との長期的な関係構築は友好的な経営環境を提供してくれるとともに，もしもの時には保険ともなるからである。

　能作が，財務的な利益が得られない場合にも地域のステークホルダーとの関係構築の活動に積極的なのは，そのプロセスの中で事業のリニューアルに不可欠な経営革新が実現でき，その結果として高い経済的利益も得られたからにほかならない。

注
1　全国生産量の9割を高岡市が占めている。
2　鋳造とは，高熱で溶かした金属を作りたい形と同じ形の空洞部（鋳型）に流し込み，それを冷やして目的の形状にする製造方法である。
3　韓国銀行（2008）の調査では，世界で創業200年以上の企業は5,586社で，そのうちの半数以上の3,146社が日本にあり，ドイツ837社，オランダ222社，フランス196社の順となっている。後藤（2012）の調査では，創業200年以上の日本企業は3,113社と報告されている。
4　これらの長寿企業の多くはファミリービジネスと考えられる。
5　特定のメーカーの製品を扱うのではなく，店主やバイヤーのセンスやこだわりで品揃えし，販売する小売業を指す。
6　その他の国内店舗として，「ジェイアール名古屋タカシマヤ店」ほか5カ所を持っている。
7　その後，ミラノの店舗は現地オーナーの事情により閉店。代理店形式を含めた海外事業展開は，およそ15カ国に上っている。
8　「本業専一」とは，家業への真剣な取り組みを意味するものであり，他事業への転換や多角化を否定するものではない。
9　新社屋オープンの当時は年間5万人の見学者を予想していたが，わずか5カ月で5万人を超えてしまい，現在は毎月ほぼ1万人が訪れている。県外からの見学者が約4割を占め，外国（中国，台湾）からの観光客も多い。

10 毎月1,000個以上が売れ，大ヒットとなった。
11 ピューターは，柔らかい性質を持つ錫（91％）に加工しやすい適当の硬さを持たすために アンチモン（7％），銅（2％）などを加えた合金である。
12 2016年7月のインタビュー。
13 新しい取引先の開拓が進み，現在の産地問屋との取引比率はわずか5％しかない。
14 ブライダル事業は，能作克治社長の長女であり，同社の「産業観光部」部長の能作千春 が中心となって展開している。錫婚式（結婚10周年，すずこんしき）を手始めに，今後 ブライダル事業を新事業として進めていくという。能作千春は，「［中略］私が女だから かもしれませんが，今後，新しい企画としてブライダルに力を入れていきたいと思って います」と，インタビュー（2018年10月9日）で語っていた。
15 能作が過去に出展した代表的な海外展示会としては，パリのメゾン・エ・オブジェ，上 海のIHDD（International Home Décor&Design），ドイツのアンビエンテ（Ambiente）， ニューヨークのNY NOWなどがある。
16 能作克治社長および長女の千春へのインタビュー調査は，2016年7月，2018年5月， 2018年19月に行っている。
17 高岡駅からバスで約30分離れた場所にある地方の中小企業に，毎月平均1万人弱の見学 者が訪れている。
18 静岡県の酒造産業に事例については，尹（2014）を参照。
19 元静岡県の工業技術支援センターの職員（研究技監）。新しい酵母（「静岡酵母」）の開 発や酒造指導などで静岡県酒業業界の再活性化に尽力した。
20 尹（2014），59頁を参照。
21 「100年後の伝統への地場産業を革新」『事業構想PROJECT DESIGN ONLINE』，2014 年6月号，https://www.projectdesign.jp/201406/pn-toyama/001411.php.
22 飯盛（2016）参照。
23 富山では，県外から来た者を「旅の人」と呼ぶ。県外から来た者はいずれ出ていく，と いう意味合いの呼称である。
24 それまでは高齢者が多く，自分たちの仕事に誇りを持てなかった現場の職人たちが，工 場見学の実施以来，見学者の眼を意識して生き生きとして働くようになったという。現 在は，同社の職人になりたいという若い応募者が年々増加し，平均年齢は32才となって いる。

（尹　大栄）

オープン・イノベーションによる新機軸と産地の存続

1 はじめに

　陶磁器産業は，日本の伝統的な地場産業の1つであり，その産地は各地域に点在する。陶磁器産地は，地域の歴史的，社会的な要因を反映し，製品と顧客に対応した協働と人材育成の仕組みをつくり出したが，その仕組みは，産地の特徴を明確にして産地間の競争に耐え，長きにわたる存続に資する要因となってきた。

　経営学のビジネスシステムの概念を援用して考えると，陶磁器産地のビジネスシステムは，窯元を核として産地商社などの関連業者が形成する価値連鎖（連結関係にある諸活動の相互依存システムまたはネットワーク）であり，陶業者間の競争と伝統工芸技術や技能を継承する陶工の切磋琢磨で支えられる協働の仕組みである。長く存続する陶磁器産地は，窯元を核とする価値連鎖と，それをもとに伝統工芸技術や技能を継承する人材を産地内と世代間の切磋琢磨によって育てる協働の仕組みに支えられている。（山田, 2013；2016a；山田・伊藤, 2008；2013）。

陶磁器産地で代を重ねる陶業者の主流は，中小ファミリービジネスであり，地域に根ざして地場産業を構成している。長い歴史を刻むファミリービジネスの企業家活動を分析するには，いかなる革新によって時代と環境の変化に適合してきたかを問うとともに，他のファミリービジネスとの相互の関係性，とりわけ産地における多様な利害関係を律する，地域社会の規範と呼ぶべき書かれざる規則（地域の不文律）が，その企業家活動に大きな影響を与えるのではないか，という視点が重要だろう。

　ファミリービジネスの経営には，保守的なイメージが強い。だが，陶業者は，先代の経営を墨守して生き残ってきたわけではない。本章では，有田焼陶磁器産地（有田）に根付く卸売商社が主導し，外部組織との連携によって新商品を共同開発した事例について，社会情緒的資産理論の視点とともにオープン・イノベーションの概念を援用し，ファミリーアントレプレナーシップと地場産業産地の存続との関係を考えてみよう。

2　オープン・イノベーションの視点

⑴　オープン・イノベーションの概念

　オープン・イノベーション（open innovation）は，「企業内部と外部のアイデアを有機的に結合させ，価値を創造すること」（Chesbrough, 2003）と定義され，中小企業にとっては外部の情報や知識を活用するにあたって鍵となる概念である[1]。この概念は，当時ハーバード・ビジネス・スクール教授として，テクノロジー＆オペレーションやイノベーション・マネジメントの講義を担当していたヘンリー・チェスブロウ（Henry Chesbrough）によって提唱された。チェスブロウは，その後オープン・イノベーションの概念を「自社のビジネスにおいて社外のアイデアを今まで以上に活用し，未活用のアイデアを他社に今まで以上に活用してもらうこと」と再定義し，外部知識の意図的活用とともに

内部知識の意図的放出を強調した（Chesbrough, 2006)[2]。

　チェスブロウは，研究開発から事業化して，収益化するまでのプロセスを自社で行うという従来型のイノベーションを「クローズド・イノベーション」と呼び，経営資源の蓄積が豊富な大企業のイノベーションが失敗する理由として，その内向きの論理の限界を指摘した（Chesbrough, 2003)。チェスブロウは，「企業が技術革新を続けるためには，企業内部のアイデアと外部（他社）のアイデアを用い，企業内部または外部において発展させ商品化を行う必要がある」と主張し，イノベーションのプロセスをクローズドからオープンに変える必要性を説いたのである[3]。具体的には，企業の課題がはっきりとしており，その解決に必要な情報や技術を外部に求めたい場合，逆に，企業の課題やその解決方法の提案も含めて，外部から広く情報収集する場合などが考えられる。

　オープン・イノベーションは，抽象的に定義されている概念であり，企業の多様な活動を射程に入れている。そのため，企業内部から外部へ知識を放出してイノベーション創出を試みる「アウトバウンド型」と外部の知識を企業内部に取り込むことでイノベーションを創出する「インバウンド型」に分けられ，また，知識の放出と取り込みを同時に行う「カップルド型」を区別する捉え方も提起されている（Enkel, et al. 2009)。

(2)　オープン・イノベーションと自社資源の再評価

　チェスブロウは，20世紀末にはクローズド・イノベーションが崩壊の危機に直面していたとするが，その理由として，①熟練労働者の流動性が高まったこと，②大学や大学院という高等教育機関で訓練を受けた労働者が増加したこと，③ベンチャーキャピタルが勃興したことを指摘している。たしかに，高等教育を受けた労働者の増加は，様々な産業で大企業から中小企業に至るまで知識のレベルを向上させ，ベンチャーキャピタルの投資で成長したベンチャー企業は，大企業の提供できなかった新たな価値を創造して社会のあり方を大きく変えたという事実がある。こうした社会の大きな変化の中では，クローズド・イノベーションは必ずしも効果的なプロセスとはならず，そうした状況は今も続い

ていると言っていい。

　しかし，オープン・イノベーションの概念が当てはまる現象は，従来の商品開発においても一定程度見られたと考えられるのではないだろうか。このことは，商品開発において，企業内外で知識の還流が生じないような「オープンでないイノベーションがあるのか」という問いを立ててみると理解できるだろう。

　オープン・イノベーションの概念が提起された機会に，企業が改めて問うべきことは，外部の経営資源の活用によって，自社の基軸となる経営資源の価値は高まるのか，自社資源の価値を最大限に高める補完的な資源は，従来から取引関係にある組織やネットワークを形成する組織が所有しているのか，ということである。オープン・イノベーションという概念の意義は，外部知識の意図的な活用と内部知識の意図的な放出という，戦略的決定とイノベーションプロセスの変革に対応したマネジメントによってこそ，企業はイノベーションを効果的に創出できるとする，オープン・イノベーションの発想そのものにあると言っていい。オープン・イノベーションは，資源展開のスピード向上とコスト低減によって，イノベーションの効果的な創出を意図するが，それには，まず企業の内部資源の再評価と開発戦略の見直しが求められるからである。

　オープン・イノベーションの発想は，大企業に比べて経営資源の制約が大きい中小企業，とりわけ長期の存続を可能にしてきた基軸となる技術やノウハウの蓄積があり，その蓄積した資源を現代のニーズに適合するように変換して，新たな価値を創造しようとする中小企業にこそ求められると言えるだろう。

　日本では，独立行政法人中小企業基盤整備機構が主導し，オープン・イノベーションを通じて，革新的な技術蓄積のある中小企業による従来の枠組みを超えた組織間連携の創出が図られている。

　第1章で述べたように，ファミリービジネスの存続は，自らが立脚する地域の歴史的，社会的要因と深く関わる。ファミリービジネスの主流は，地場産業を構成する土着性の強い企業であり，地域の社会的な分業体制を内包する地場産業では，企業間の垂直的な分業と長期継続的な取引関係に基づく産業システムを，企業間の競争ではなく取引の信頼関係によって支えらえた組織間の協働

システムとして捉えることができる（加護野, 2016）。ファミリービジネスが, 社会の大きな構造変化に対応して長く存続したことには, 立脚する地域やその一員である地場産業内での関係性が大きく影響していたはずである。

　次に, 有田焼陶磁器産地（有田）に根付く卸売商社の百田陶園が主導し, 産地内の窯元と産地外の国内外組織とが連携したオープン・イノベーションによって新商品の共同開発を試みた, 協働の仕組みの事例を考察しよう。

3　和様磁器発祥の産地——有田

　有田は, 江戸期の1616年に陶祖とされる李参平が泉山で陶石を発見し, 日本で初めて磁器の焼成に成功した地である。「古伊万里」「柿右衛門」「鍋島」の伝統的様式が確立し, 和様磁器の発祥の地としての伝統を受け継いで今日に至っている。佐賀藩は, 有田の磁器生産を特産業として藩直営の窯場の鍋島藩窯を設け, 和様磁器の一大産地を形成した。

　明治維新によって佐賀藩の陶磁器専売制度は崩壊したのだが, 有田の陶業者の企業家活動によって産地は復興を遂げる。明治, 大正期を経て, 産地間競争で優位を獲得できる産地ブランドを構築し, 市場や需要創造の核となった製販一体型の陶業者と, 産地の分業制の下で事業を営む陶業者の棲み分けが確立し, 各々固有の役割を果たして産地の存続を支えてきた。

　具体的には, 香蘭社と深川製磁という量産型の企業と, 当主の作家と職人集団の工房から成り, 産地のデザインコンセプトを代表する柿右衛門窯と今右衛門窯という機能統合型の2つの異なるタイプの陶業者が主導して, 産地経済の基盤の確立と伝統工芸技術を継承する人材の育成によって産地を存続させてきたのである。さらに, 柿右衛門窯, 今右衛門窯とともに「有田の三右衛門」と称される源右衛門窯も, 製販一体の窯元として産地ブランド構築の一翼を担ってきた（山田, 2013；2018a；山田・伊藤, 2008）[4]。

「有田の三右衛門」の中で，現在も産地ブランドを代表する柿右衛門様式の磁器は，江戸期からヨーロッパに数多く輸出されて王侯貴族の宮殿や館を飾り，18世紀に入るとドイツのドレスデン近郊に開かれたマイセン窯などで模倣された。その後，柿右衛門様式の写しは，絵付け職人の移動などによってヨーロッパで広く普及したと考えられる。有田とその周辺で焼成された磁器は，伊万里港からアジアやヨーロッパに向けて船積みされた。そのため，当時のヨーロッパで中国製の磁器の通り名が「チャイナ」であったのに対して，日本製の磁器は，積み出し港の名称をとって「イマリ」と呼ばれていた。

　一方，有田では，佐賀藩の政策によって産地で確立した，分業制の生産プロセス（採石・陶石からの陶土作り・型作り・生地作り・窯元・産地商社）の下で，多くの中小ファミリービジネスの陶業者が存続してきた。小規模な陶業者が大部分を占めるが，専門性を高めて分業制を支え，産地の存続に資する役割を分担してきたのである。分業制の中心である窯元は，独自の販売ルートを持つ一部の業者を除いて，産地商社と個別に複数の契約を結んで販売している。

　有田は，江戸期から色絵磁器の産地として国内外で名高く，第二次大戦後には日本各地の温泉旅館やホテル，料亭を主要な顧客として，業務用割烹食器の分野で大きな成功を収めた。接待の際のお土産物や結婚式の引き出物としての評価も得た。

　しかし，日本人の食生活の変化や海外製の安価な食器の普及に対して，産地として十分に対応することはできなかった。有田は和様磁器発祥の伝統産地であり，ファミリービジネスの陶業者が重代で事業を承継してきたがゆえに，従来の焼き物づくりからの転換が容易ではなかったのである。その有田で新機軸の焼きものづくりの契機となったのは，江戸期，明治期からの歴史的な経緯を持ち，産地を代表する量産型や機能統合型の中枢の陶業者ではなく，外部組織と連携して新たな商品開発プロジェクトを主導した，産地に根付く辺境の陶業者の企業家活動であった[5]。

　もちろん，産地の中枢となる陶業者にも，現状に対する危機意識はあった。たとえば，オイルショックを発端とする景気の低迷から，産地の生産能力拡大

に応じた販売力や産地全体の技術力の強化に対する組織的な対応の重要性が陶業者に浸透し始め，それが1979年5月の大有田焼振興協同組合の発足につながった（山田（雄）他，2012）。

大有田焼振興協同組合は，佐賀県，有田町の支援を受けて有田という伝統的陶磁器産地の高度化事業を推進する中核となった組織である。設立発起人は同業組合と産地の中枢の陶業者が核となり，佐賀県陶磁器工業協同組合，肥前陶磁器商工協同組合，有田焼直売協同組合，有田焼卸商業協同組合（現佐賀県陶磁器卸商業協同組合）の4組合の理事長と，十四代酒井田柿右衛門，十三代今泉今右衛門，源右衛門窯，香蘭社，深川製磁などが名を連ねていた。

組合設立後の1980年頃からは，会席料理の流行とも相まって，全国の旅館やホテル向けの業務用食器の生産量が大きく増加した。だが，バブル経済崩壊後の国内市場の縮小や安価な輸入品の増加，リーマンショックの影響は有田の陶業者を直撃した。佐賀県の統計によれば，有田焼の主要企業（窯元の商社に対する販売代金を組合が代行集金する共販制度を採用する，佐賀県陶磁器工業協同組合，肥前陶磁器商工協同組合の所属企業，ならびに香蘭社と深川製磁の直販大手2社）の売上高が，減少の一途を辿ったことがわかる（**図表5-1**）[6]。

大有田焼振興協同組合は，組合再編を通じて産地の協働の仕組みを変革し，産官学連携によって新たな事業を試み，有田に一定の足跡を残したことは間違いない。しん窯社長の梶原茂弘のように「世界・焱の博覧会」に貢献し，産地商社ヤマト陶磁器との協働によって，新たに「青花」ブランドを立ち上げた中堅の企業家的な陶業者もあった。だが，産地の中枢の陶業者が核となったにもかかわらず，環境配慮型と高機能型の新商品開発プロジェクトは期待された成果をあげることができなかった。産地経済の低迷の中で，2009年に大有田焼振興協同組合は解散する。

産地経済の悪化という環境の変化に対して，産地の分業制の下で事業を営む中小ファミリービジネスの陶業者は，深刻な危機意識と新たな市場への関心を高めた。バブル経済崩壊後，主力商品の業務用食器の売上低迷が続く状況で，有田の多くの窯元は一般消費者向け食器の製造を志向するようになる。その家

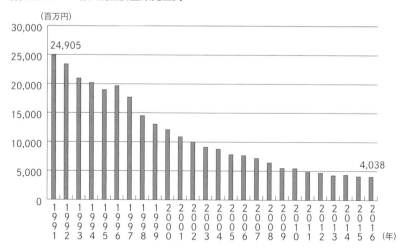

||| 図表5-1　有田焼主要企業売上高

（百万円）

出所：福岡財務支局佐賀財務事務所（〜2009年），佐賀県産業労働部（2010年〜）の数字をもとに著者作成。
※有田焼主要企業とは，共販制度（窯元の商社に対する販売代金を，組合が代行集金する制度）実施の協同組合（現在は佐賀県陶磁器工業協同組合と肥前陶磁器商工協同組合）所属企業（2018年約209社）と直販大手2社（香蘭社，深川製磁）を指す。

庭向けの新しい一般用食器開発のプロジェクトは，産地の中枢の陶業者ではなく，辺境のファミリービジネスの陶業者が主導した。次に，その先駆けとなった新しい有田焼の開発プロジェクトについて見てみよう。

4　事例：百田陶園——新しい有田焼への挑戦[7]

(1)　新しい有田焼の胎動：「究極のラーメン鉢」「有田HOUEN」「匠の蔵」

　2003年，産地の経済環境が厳しさを増す中，ファミリービジネスの窯元から成る陶交会のメンバー14名が主導して，「究極のラーメン鉢」プロジェクトが立ち上がった。このプロジェクトは，NHK「おーい，ニッポン」の企画を受けた「チキンラーメンがおいしく食べられる，小振りで使い勝手の良いラーメ

ン鉢」の開発のためスタートした。同じ器形の共有自体が珍しかった有田焼で，窯元による有田独自の新しいスタンダードを作るために，産地外部の機関と連携して組織的な新商品の共同開発を試みた点で先駆けとなった。

　複数の窯元が，家庭の普段使いでやや小さめ（直系18センチ）の器形を機能本位で開発し，一種類の器形に各窯の専門的技法による絵付けで多様なデザインが施された。日清食品インスタントラーメン発明記念館，横浜ラーメン博物館の協力を得て，産地外部の意見が試作品評価で取り入れられた。全国展開にあたっては，息の長い商品とするために，マージンを抑え，安易に値下げをしないことをすべての窯元が商社とともに不文律とし，取り扱いを産地商社1社に絞った。2004年3月の番組で放送され，4月の有田陶器市では予想の倍の4,000個が売れ，2005年には120種類，販売総数57,000個のヒット商品となった。

　2004年には，「有田HOUEN」ブランドが，産地商社KIHARAの主導で立ち上げられた。「有田HOUEN」は，窯元4社とデザイナー8人の共同開発プロジェクトである。工業デザイン一般を手掛ける外部デザイナーが関与した，当時としては珍しい先駆的なプロジェクトであり，インテリア雑貨のチャネルを活用して販売された。「水は方円の器に随う」という一貫したコンセプトの下で器の普遍的な形を求め，有田焼独特の白磁や染付の青をベースとしながらも，円形皿に方形の高台を組合せるなど，有田焼の伝統的なデザインコンセプトと斬新なデザインの融合を試みたシリーズである。

　「有田HOUEN」では，「普段使いの器」（2005年），「新しい和のWAN」（2008年），「有田四様」（2011年）の3つのシリーズが製作された。シリーズの1つの到達点となる「有田四様」では，有田の伝統的な様式を「初期伊万里」「柿右衛門」「鍋島」「古伊万里」の4つに分類し，デザイナーと窯元がペアを組んで製作した。具体的には，初期伊万里様式は佐藤晃一と李荘窯，柿右衛門様式は吉澤美香と陶悦窯，鍋島様式は高橋正と池田製陶所，古伊万里様式は永井一正と有田製窯である。シリーズの販売元として，これらの磁器製作を一貫したコンセプトでコーディネートしたのが，新機軸に前向きに取り組んできた産地商社KIHARA社長の木原長正である。

> 　歴史的に，商業者は，本当はプロデューサーにならんといかんのですけれど
> も，やっぱり途中からメッセンジャーボーイになってしまっていたんですね。今
> までの既存の流通業者としてじゃなくて，とにかく産地にあってプロデューサー
> 的な商業者を目指してやっていこうということで，今までこの数年来やってきま
> した。(KIHARA・木原長正社長)

　その後，これらの中小ファミリービジネスの陶業者の新たな試みと軌を一に
し，産地商社と窯元が組合をプラットフォームとして組織的に共同開発する
「匠の蔵」シリーズのプロジェクトが立ち上がる。この「匠の蔵」シリーズを
企画し，立ち上げの中心となったのが，当時の組合青年部会長であった産地商
社百田陶園（法人設立1972年，資本金2千万円，従業員数21名）三代目社長の
百田憲由である。

　「匠の蔵」の「匠」は窯元，「蔵」は産地商社を意味し，有田焼卸団地組合の
商社22社と窯元6社の協働による，手工業の工程の残る有田の強みを活かした
一般消費者向け食器の商品開発プロジェクトであり，卸団地30周年となる2005
年開催の「有田ちゃわん祭り」に向けた組合青年部の自主企画であった。互い
の得意分野を熟知し，量産可能な複数の窯元の競作で単一の形状に多彩な絵付
けを施した磁器が製作され，卸団地組合に加盟する商社のすべての販路で展開
された。

　「匠の蔵」シリーズは，第1弾「至高の焼酎グラス」から第8弾「SAKE
GLASS 淡麗＆濃醇」まで，組合青年部会長主導で年度ごとに商社と窯元が共
同で新商品を開発し，第1弾は発売後3年間で23万個を販売するヒット商品と
なった。第2弾の「至福の徳利＆盃」も，発売後2年間で金額的には第1弾
「至高の焼酎グラス」の8万個分に相当する2万セットを売り上げ，第1弾と同
程度の年間売上高を達成した。百田社長は第1弾と第2弾を主導し，多くの蔵
元と取引関係を持つ酒屋など，陶磁器以外の事業者やユーザー目線の意見を取
り入れて商品開発を進めた。その背後には，産地の伝統的な焼き物づくりを墨
守する姿勢とは異なり，新商品開発に対する能動的な姿勢とリスクテイキング
がある。

「匠の蔵」シリーズは，組合をプラットフォームとして外部の情報や知識を活用し，有田の窯元と産地商社の分業に関する固定観念を打破した，過去に例のない先駆的な共同開発であった。参加する商社や窯元は有田出身で面識はあるが固定されているわけではなく，窯元は個別のプロジェクトごとに選ばれ，他の窯元と差別化した焼き物づくりで顧客への訴求力を問われる。このシリーズは，窯元と産地商社のマージンを抑えて安易に値下げしないという不文律の下，産地の陶業者の存続を目的とした長期的視点からのプロジェクトでもあった。有田焼卸団地組合の川尻和彦事務局長によれば，肥前陶磁器工業協同組合に意匠登録したが，それを無視した類似の企画は産地内からは現れなかった。

　「匠の蔵」シリーズのプロジェクトは，「究極のラーメン鉢」が見本例と言えるが，組合をプラットフォームとして当初から外部の情報や知識を取り入れ，組合青年部会長主導で年度ごとに複数の窯元と産地商社が共同開発した点は，有田という伝統産地の新機軸であったと言っていい。こうした例は，他の地場産業でも見られる。たとえば，おごと温泉の地域活性化の事例では，協同組合をプラットフォームとして新しい地域連携活動や若手経営者の人材育成を試み，それを基盤として地域の再活性化を成し遂げた（岩崎, 2018）。

　「匠の蔵」の成功後，有田の伝統的様式に基づくデザインコンセプトに囚われることなく，国内外のデザイナーとの協働による使い手のニーズを意識した高品質の商品開発と，従来にはないチャネルの活用で顧客への訴求力を強めた国際的プロジェクト「1616/」「2016/」が百田陶園主導で立ち上がった。次に，これら2つの事例の新商品開発について見てみよう。

(2)　「1616/」シリーズ：国内外デザイナーとの共同開発と新ブランド構築

　「1616/」プロジェクトは，「匠の蔵」シリーズで成果をあげた産地商社百田陶園の百田憲由社長が，2012年にプロダクトデザイナーの柳原照弘，オランダのデザインスタジオのショルテン＆バーイングス（Scholten & Baijings）と連携して共同企画し，ヨーロッパを中心として世界的に販路を開拓したプロジェクトである。ブランドネーム「1616/」は，有田の磁器発祥から「400年を経た

現在にまで引き継がれ積み重ねられて来た記憶の1ページを同時代の人たちと創り出そうという考え」（百田陶園・百田憲由社長）から名付けられた。

「1616/」プロジェクトは，百田陶園としての新しいブランドづくりを考えていた百田社長に改装後の東京パレスホテル出店の話が持ち込まれたことからスタートした。銀行融資の了解を得た後，店舗設計段階でデザイナーの柳原と契約して新機軸を打ち出し，2012年に「MOMOTA TOUEN」を錫・真鍮・青銅製の食器やインテリア雑貨の能作（富山），タオルの今治浴巾（愛媛）など地場の伝統産業が入るホテルアーケードに出店したことが契機となったのである。

百田社長は，プロダクトと空間のデザインができるデザイナーとして，10名を超える候補者の中から話をして波長の合った柳原を選んだ。他業種のブランドや著名なデザイナーとのコラボレーションでは，当事者間の気持ちや意思の違いが，プロジェクトの進捗に大きく影響する。百田社長は，自らの経験と商社としての役割から，波長の合うパートナーであることを最優先したのである。

「1616/」のキーパーソンである柳原は，家具や空間のデザイン経験はあるが，陶磁器を手掛けた経験はなく有田の視察から始めた。有田には新しいものは何もないが，歴史と伝統，技術はあると評価した柳原は，新しい有田焼ブランドを考えるにあたって，ゼロベースで見直すことを基軸に据える。有田は色絵磁器の産地として名高いが，従来の感性で作られた割烹食器，花瓶，壺，飾り大皿などではなく，洋食器をベースとして「日常のパンケーキを食べるためのお皿」をデザインし，コストがかかる絵付けではなく，色で顧客ニーズに応える方針を立てた。パンケーキ皿は洋食器の形状の例示であったが，有田の分業制で培った高い技術に裏打ちされた洋食器は，他と差別化できると考えたのだ。

柳原の提案に対して，百田社長は，当初は伝統的様式の絵付けがなく有田焼らしくないという感想を持つが，色彩とともに有田で培われた技術に基づく品質によって，一般用食器の市場で顧客への訴求力をつくり出すという，これまでの有田焼にはない発想の新機軸を進めようと決断する。

「1616/」は，有田の重代の窯元である宝泉窯，錦右エ門窯，藤巻製陶の3窯元を軸に分業制を担う陶業者で共同開発され，高台のない極薄で鋭角に面が展

開する，あるいは円が一定のピッチで連続する，前例のない有田焼が白無地2種類の「1616/TY Standard」として完成した。さらに，日本の伝統色を海外の感性で再解釈する新機軸を進めた結果，伝統的な色を再認識させるシリーズとして「1616/S&B Color Porcelain」が完成する。「1616/」は，この2つのシリーズのラインナップで構成されている。

　有田では，成形，焼成，釉薬掛け，産地商社という各々の工程に特化した専門性の高い事業者が，長く取引関係を維持してきた。このことが，環境変化に適合して産地を存続させる基盤となったが，その分業制の下で長く取引関係を維持し，「1616/」シリーズで粘土開発した土屋，量産用の型作りに取り組んだ型屋，ならびに関係する有田の陶業者は，すべて産地に根付く中小ファミリービジネスであった。「1616/」を共同開発した窯元は，百田陶園と旧知で「匠の蔵」シリーズにも参加しており，百田社長の人となりや産地商社としての考え方を十分に理解していたことが，プロジェクトを進捗させた要因となったのだ。

> 「1616/」で窯元によく言うのは，技術は絶対よく見せてと。今の企画，図面に合っても，絶対言うのは「1個できても，これ千個，万個作るときもそうできますか」。量産して初めて成功ですから。デザイナーにも確認します。図面を見た時にストレートのラインが大事なのはわかる，だけどストレートに焼くのが焼き物では一番難しい。それで，柳原さんに内側と外側とどちらのストレートラインが大事かと聞きます。図面を見て肉付けを焼き物に合うよう調整する際，外で調整するか内で調整するかを判断するように話を仕向けます。新しい有田焼を国内外に広めるには，デザイナーと窯元との間に立って十分にコミュニケーションを取りながら，提案されたデザインに対して製造するアイテムの選定や販売ルートを整備する役割を商社が果たすことが大切です。消費者の求める焼き物を選んで，その焼き物に合う販売ルートを確保するのに，産地の商社の存在が欠かせません。（百田陶園・百田憲由社長）

　柳原が主導した開発のプロセスでは，新しい有田焼の販売は海外市場を念頭に置いていた。そのため，顧客ニーズに応えるための色使いは，柳原の提案によって海外市場で実績を持つデザイン事務所ショルテン&バーイングスを営む，

ステファン・ショルテンとキャロル・バーイングス夫妻をパートナーとして迎え，有田で培ってきた伝統色をオランダのデザイナーの再解釈に委ねることにした。百田社長は，当初「1616/」を日本市場へ優先的に投入することを考えていた。だが，「1616/」の開発プロセスで，有田の伝統的な工芸技術を基盤とし，柳原とショルテン＆バーイングスの形状や色使いの感性が加わって完成した「1616/」の出来栄えを見て，海外市場での積極的な展開を決断する。

「1616/」は，2012年にイタリアのミラノで開催された世界最大規模の国際見本市のミラノサローネ（MILANO SALONE）に出品され，海外の新聞や雑誌で高い評価を得て海外市場での販路が一気に広がった。2013年には，世界的なデザイン賞の「エル・デコ・インターナショナル・デザイン・アワード（ELLE DECO International Design Awards）」のテーブルウェア部門でグランプリを受賞する。同賞は，世界26カ国で出版されているインテリア雑誌の「エル・デコ（ELLE DECO）」が主催し，各国の編集長が家具，照明，ベッドなどの13部門から1点ずつ推薦し，ミラノサローネに合わせて発表される。受賞を契機に国内大規模見本市での展示や海外拠点の整備を行い，2016年には世界20カ国へ販路を広げ，売り上げを急速に伸ばしている。

さらに，2018年10月からは，フランスの代表的なデザイナーであるピエール・シャルパン（Pierre Charpin）との共同開発による新しいシリーズとして，和式洋式を問わず日常の食卓で使うための「1616/PC "Outline"」をラインナップに加えた。このシリーズには，青山窯の川副史郎のように，伊万里市大川内山の鍋島藩窯の地で今も伝統を受け継ぐ窯元が新たに参加している。

> 「1616/ arita japan」は，有田焼の伝統を踏襲していますが，これまでの有田焼とは異なるデザインのアプローチを試みた，産地の将来に寄り添う器です。私が有田に生まれ育ち，私の家系が窯元，産地商社としての歴史を持ち，現在もこの業界に身を置いていて感じることは，先人への感謝とともに，私の使命が，大きな魅力を秘めた有田の磁器を国内のみならず，世界の人々に再認識してもらうことであると思っています。（百田憲由）

||| 写真5-1 「1616/」シリーズ　（百田陶園提供）

||| 図表5-2 「1616/」シリーズ売上高・売上個数推移

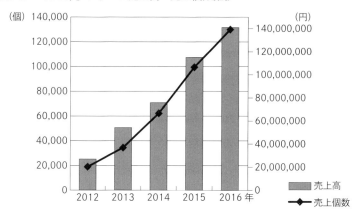

出所：百田陶園資料をもとに筆者作成

(3) 「2016/」シリーズ:ボーングローバル商品開発と新しい統一ブランド

　有田焼創業400年の2016年には，産地の中枢の窯元である香蘭社の参加した統一ブランド「2016/」が立ち上がった。「1616/」の成功を実績として，百田社長と柳原が実質的に主導して立ち上げたのだ。佐賀県，有田町，オランダ大使館の連携によるプロジェクトとして，行政のスポンサーシップで開始された「2016/」は，2013年度から佐賀県が農林水産商工本部に事務局を設置した「有田焼創業400年事業」の一環として位置づけられた。

> 　有田焼の新たな可能性を求めて，海外市場への進出に取り組みました。2013年11月にオランダ王国大使館と佐賀県との間で『クリエイティブ産業の交流に関する協定』を締結しました。これがオランダとの連携によるプラットフォームを形成し，「2016/」プロジェクト推進のキックオフとなったのです。(佐賀県・志岐宣幸産業労働部長)[8]

　「2016/」は，「1616/」のコンセプトを発展させ，産地の分業制で培われた技術と専門知識を活かし，国際的なデザイナーとの協働による商品開発でメイドイン有田というアイデンティティを確立して，産地の一大ブランド構築を図るプロジェクトである。

　現代の生活様式に合うオリジナル性と革新性の高い日常生活の商品として有田焼を世界市場に広め，メイドイン有田というアイデンティティの確立を目指した。日常生活での機能性を重視した低価格から中価格帯の量産型磁器の「スタンダード (Standard)」，有田の職人による熟練の技術を活かして制作される個性的で高品質なデザインコレクションとなりうる磁器の「エディション (Edition)」の2つのシリーズから成る。「1616/」を主導した柳原とショルテン&バーイングスを共同クリエイティブディレクターとし，8カ国16組の世界的デザイナー，公募で決定した10窯元と6産地商社が参加した (**図表5-3**)。

　「2016/」プロジェクトの目的は，最初から海外市場を目指すというボーングローバル商品の開発であり，2014年4月の最初の会合で「1616/」をモデルにして世界的な統一ブランドを目指すことを確認した。2015年5月には，デザイ

||| 図表5-3 「2016/」プロジェクト参加者

	参加者数	参加者名
窯　元	10	㈲久保田稔製陶所／久保田剛，幸右ェ門／溝上哲也 ㈱瀬兵／瀬戸口皓嗣，㈲藤巻製陶／藤本覚司 ㈲畑萬陶苑／畑石眞嗣，㈲徳永製陶所／徳永和徳 ㈱錦右ェ門窯／山口幸一郎，㈲宝泉窯／原田元 ㈱川副青山／川副史郎，㈱香蘭社／深川祐次
商　社	6	㈱まるぶん／篠原文也，㈱深海三龍堂／深海勝 陶磁器ショップ藍土／田澤貢，㈱山忠／山本幸三 ヤマト陶磁器㈱／山口雅也，㈱百田陶園／百田憲由
デザイナー	16	柳原照弘／日本，藤城成貴／日本，ショルテン＆バーイングス (Scholten & Baijings) ／オランダ，クリスチャン・メンデルツマ (Christien Meindertsma) ／オランダ，スタジオ・ウィキ・ソマーズ (Studio Wieki Somers) ／オランダ，カースティー・ファン・ノート (Kirstie van Noort) ／オランダ，インゲヤード・ローマン (Ingegerd Raman) ／スウェーデン，TAF／スウェーデン，クリスチャン・ハーズ (Christian Haas) ／ドイツ，ステファン・ディーツ (Stefan Diez) ／ドイツ，サスキア・ディーツ (Saskia Diez) ／ドイツ，レオン・ランスマイヤー (Leon Ransmeier) ／アメリカ，BIG-GAME／スイス，クエン・カプート (Kueng Caputo) ／スイス，トマス・アロンゾ (Tomas Alonso) ／イギリス，ポーリン・デルター (Pauline Deltour) ／フランス

出所：百田陶園資料をもとに筆者作成

　ナー，窯元，商社の組織間協働によって開発された「2016/」ブランドの焼き物を一元的に販売する「2016株式会社」が百田を社長として設立され，プロジェクト参加の窯元と産地商社による2016年以降の完全な事業化を目指した。
　「2016/」は，2016年4月にイタリアのミラノサローネで世界に向けて発表されたが，その際，オランダ政府と佐賀県の要請で十五代酒井田柿右衛門が有田の伝統的様式を受け継ぐ窯元の代表として特別に参加した。17世紀にオランダ東インド会社によってヨーロッパへ輸出された柿右衛門様式の有田焼が，王侯貴族の間で人気を博した歴史的な事実を踏まえ，十五代柿右衛門の新作が，ミラノサローネとアムステルダム国立美術館で展示されたのである。十五代柿右衛門と百田社長は旧知の間柄でもある。2016年9月には，有田に「2016/」ショールームをオープンし，10月から首都圏の西武百貨店で世界に先駆けて販売を開始した。

第5章　オープン・イノベーションによる新機軸と産地の存続　　123

統一ブランドとしての「2016/」は，有田の将来にとって重要な新しい考え方と価値観の共有を意図しており，個別の窯元の名前は表に出ない。それにもかかわらず，中枢の陶業者の香蘭社が参加を決断したことは，有田を代表する陶業者としての意識の変化を読み取れ，「2016/」プロジェクトに対するインパクトも大きかった。プロジェクトに参加した他の窯元が，香蘭社の焼き物づくりから学ぶ機会ともなっている。百田社長は，新機軸への積極的な取り組みとその意義を強調する。

　　　1つは，他力本願的な助成金のクセが抜け切ってないというか，まず意識を変えてもらわないと困る。自己責任ですから。自分の力で変えるんだっていう意識を持ってもらわないと，あくまでも県はサポートだと。僕が敢えてそこは言わなきゃいけない部分があるわけです。もう1つはやっぱり，物を作るため売るためもそうですけど今からゼロベースで物をつくっていきますよと。だから技術的なことはさて置いて，時代にあった物を作るということで皆さん一回頭の中をフラットにして下さいと。（百田憲由）

　　　大手の香蘭社は，パレスホテルに店をオープンした時から，工場長，東京の支店長が，商品を見に来ていらっしゃいました。香蘭社が，自分たちも変わらなきゃいけないという思いがあるからでしょう。今回は，「1616/」の流れを自社に取り込みたいという強い思いで「2016/」に入られたわけです。香蘭社の名前は出ないのに入ったのは，大きいことだと思いますね。（百田憲由）

　産地辺境の陶業者主導の企業家活動によるプロジェクトに，産地中枢の陶業者の香蘭社がメンバーとして参加したことは，「2016/」が，有田での新たな組織間協働のあり方について象徴的プロジェクトとなったことを意味している。産地のヘゲモニーを持たない辺境の商社や窯元のファミリーアントレプレナーシップによって，産地中枢の名門の陶業者を巻き込むという，新たな方向性を持つ組織間協働が生み出されているのである。

Koransha & Studio Wieki Somers

Fujimaki Seitou & Teruhiro Yanagihara

Hataman Touen & Scholten & Baijings

5 ファミリーアントレプレナーシップと産地の存続

(1) 産地商社百田陶園のルーツ：松尾窯と松尾徳助

　「匠の蔵」シリーズと「1616/」のプロジェクトを立ち上げ，「2016/」プロジェクトを実質的に主導した百田憲由は，産地商社百田陶園三代目社長という中小ファミリービジネスの陶業者である。有田出身で県立有田工業高等学校窯業科を卒業後，東京築地丸源を経て1989年に百田陶園入社，1995年に代表取締役社長就任した。2010年に有田焼卸団地協同組合副理事長，2019年9月からは肥前陶磁器商工協同組合理事長に就いている。実弟の百田暁生は，有田焼の陶芸家である。

　百田家は，江戸期に窯焼名代札を交付された岩谷川内の窯焼（窯元）松尾窯から明治期に養子を迎えた系譜を持つ。松尾窯は，明治期からの松尾徳助当主の代に7，8人の職人を雇う規模[9]であり，後に徳助の次男重盛が百田姓を名乗って窯を承継したが，重盛の長男卓治の代から産地商社に転じた。佐賀藩の

||| 写真5-3　百田陶園・百田憲由社長　　（百田陶園提供）

窯焼名代札を交付された由緒ある窯元をルーツに持つ産地商社であることは，百田陶園のアイデンティティ形成に大きな意味を持ち，窯元と同じ目線に立って新商品開発に取り組むという，百田社長の窯元に対する影響力の大きさの要因となっていると言っていい。

有田近代化の端緒は，日本の窯業の近代化に貢献したドイツ人化学者のゴットフリード・ワグネル（Gottfried Wagener）が1870年に有田白川で石炭窯を築き，コバルト染付の使用法を指導したこととされる。松尾窯は，小規模ながら1893年に独自の石炭窯を築造し，1899年には有田初の染付敷瓦（磁器タイル）と便器を生産した，有田の大物陶器製造の嚆矢と呼べる窯であった。磁器タイルは，佐世保の黒島教会堂，長崎の炭鉱社，唐津の高取邸，熊本日奈久温泉の金波楼，便器は長崎三菱造船所，佐世保海軍病院へ納入された。また，伊万里市大川町の熊野神社にある白磁の楠公父子像も松尾窯の製造である。

とりわけ，長崎県佐世保市黒島の世界遺産「黒島の集落」の中心にある黒島教会堂に敷設された有田焼の磁器製タイルは，12の世界遺産を有する集落内に建つ他の教会群の中には例を見ないものである。染付模様の磁器製タイルは，1枚の大きさが183から185㎜角で，裏面には「肥前有田　松尾製造」の刻印が確認されている[10]。このタイルは，1902年献堂の天主堂祭壇（内陣）に1,800枚敷かれている。天主堂のキーストーンには明治33年と記銘があるため，1900年に松尾窯の工場で生産された磁器製タイルと考えられる。

松尾窯の先駆的な磁器製タイルは，黒島教会の信徒が遠路有田まで引き取りに来た。筆者の黒島における実地調査では，田代地区代表であった宿老の系譜に連なる大村正義から，当時の宿老たちが有田までタイルを受け取りに行き，その際に松尾窯で目についた不良品の大花瓶を無償でもらい受けて持ち帰ったと祖父から聞いたとの証言を得た。現在，その大花瓶は黒島の天主堂に置かれている[11]。

このように，松尾徳助の松尾窯は，小規模ながらも新機軸に挑戦する先駆的な窯元として産地で一目置かれていた。国内外の博覧会や品評会へ積極的に出品し，1893年にシカゴ万国博覧会へ染付の大花瓶を出品して受賞し，1902年に

は西松浦郡陶磁器品評会で磁器製タイルが2等賞を受賞している。また，産地に貢献した土着性の強い窯元であり，1896年に有田徒弟学校へ創立費として当時の金額で五円を寄付し，1906年には佐賀県の満韓資源視察員として中国，韓国を訪問している。

　佐賀藩の特産業時代からの窯元の系譜を持つ百田社長は，産地のヘゲモニーを持つ中枢の陶業者とは言えずとも，産地土着の陶業者としての正当性を持つと言っていい[12]。環境の変化から機会を敏感に捉えて新たな事業を立ち上げるには，新機軸に関する不確実な要素と人材や資金などの経営資源の動員に関する不利益（新規性の不利益）を克服するため，関連する既存の組織や集団から信用を得て受容されるための正当性の獲得が必要である。正当性があると判断されると，その存在価値を認められて信頼に値するとみなされる。

　有田のように経路依存性のある資源の蓄積が豊富な産地では，産地外出身の陶業者は，産地内の利害関係者との関係づくりのように，解決すべき課題を多く抱えるだけなく，地域コミュニティに受け入れられない可能性があることを否定できないのである。

(2)　ファミリービジネスの社会情緒的資産と産地の存続

　本章で取り上げた「1616/」と「2016/」のプロジェクトは，産地の辺境の陶業者が主導した組織的な新商品の共同開発である。海外や国内の他業界の事業者とも連携し，産地外の情報や知識を活かした製販一体の組織間協働による商品開発は，一定の成果をあげた。

> 　有田焼の復興を成し遂げるには商工一体となって取り組まなければならないというのが私たちの考え方です。物づくりからプロモーションまで一貫したコンセプトを基に，窯元と商人が一体となって取り組むことが有田の産業の復活には欠かせないことだと思います。（百田憲由）

　新機軸のプロジェクトを主導した窯元や産地商社は，産地のヘゲモニーを持つ中枢の陶業者とは言えずとも，産地における土着の陶業者としての正当性を

持っている。「究極のラーメン鉢」「匠の蔵」で窯元の中の主導的な役割を果たした田清窯の田中亮太，「1616/」「2016/」に参加した宝泉窯の原田元や錦右エ門窯の山口幸一郎は，窯元として重代で陶業を営む系譜を持ち，「匠の蔵」「1616/」「2016/」を主導した百田憲由は，産地商社百田陶園三代目社長という，いずれも中小規模のファミリービジネスの陶業者である。

　窯元と産地商社の連携の背後には，産地土着のファミリービジネスとして代を重ねた陶業者の間に「自らの事業と産地の存続は，表裏一体である」という共通認識があり，事業と産地の存続を同値として考える認識は，産地中枢の陶業者も長く共有してきた[13]。

　有田の中枢の陶業者と辺境の陶業者は，産地では相互依存の関係にある。たとえば，柿右衛門窯や今右衛門窯の工房組織の作る実用的な高級品に類似したデザインコンセプトの常用品を産地で生産するには，有田の伝統的様式を受け継ぐデザインコンセプトと傑出した高い工芸技術とを継承する柿右衛門窯や今右衛門窯に産地の顔として存在感を発揮し続けてもらうことは欠かせない。

　産地を代表する柿右衛門窯と今右衛門窯も，産地が衰退すれば名工の家として存続するにすぎない。有田の伝統を受け継ぐ代表的な窯として存続してこそ，顧客への強い訴求力を維持できると言っていい。中枢と辺境の陶業者の併存が，有田の特徴であり，産地の存続に資する要因なのである[14]。

> 　柿右衛門，今右衛門，香蘭社，深川製磁が大きい有田の幹，木だとすると私達は根っこですよ。根っこにいっぱい色々な所があって，潰れたり新しく出てきたりっていう色々な所がいっぱいあって，すべて有田って思っています。だから自分達の根っこがどんどんなくなっていくと，もちろん柿右衛門・今右衛門の木もどんどん細くなっていく。（田清窯・田中亮太社長）

　ファミリービジネスを承継する陶業者には，事業の存続による一族の永続を第一義的に考えて従来の焼き物づくりを墨守するだけでは，長期的には環境変化に対して適応できない。有田の分業制で培われた優れた技術や技能を活かした高い品質の商品開発と，リスクを取りながらも，自己利益の追求のみではな

く切磋琢磨の精神での競争が求められるのである。

　日本の伝統的な地場産業の産地では，産地内分業によって製品が作り出されてきた。産地の存続では，量産型の大規模な事業者と専門生産型の中小規模の事業者が併存することが重要な要件となるのではないだろうか。中枢の陶業者と辺境の陶業者が，産地の存続と自己の存続を表裏一体に捉えて固有の役割を果たすという，一種の棲み分けによる協働によって貢献することが産地の存続に資するのである。大規模な量産型の事業者は，産地の経済的な基盤を形成するが，その反面，価格を唯一のメルクマールとした製品づくりを志向することが多い。専門生産型の中小規模の事業者は，伝統的な技術や技法を駆使して作り出す製品によって，産地としての独自性の維持とブランドの形成を図ることができるものの，経済的な波及効果は限定される場合が多い。

　有田では，産地の経済基盤を支える量産型と産地ブランドを形成してきた機能統合型という，異なるタイプの中枢の陶業者が産地の存続を牽引してきた。だが，リスク志向の新機軸という戦略的選択は，産地の分業構造の中で存続する小規模な辺境の陶業者を核とした，新たな組織間協働から生み出されている。これら土着の陶業者は，いずれも産地での正当性を持つファミリービジネスとして互いを認めて棲み分けており，収奪的な競争に陥っていないことが重要だ。両者が併存してこそ，産地の存続につながると考えられるのである。

　地場産業の産地には，取引や連携を通じた事業者間の競争と協働の関係がある。産地内の競争を通じた切磋琢磨によって技術や技能を向上させても，極端な価格競争による破壊的競争（cut throat competition）で互いを潰し合う産地は生き残れない。優れた技術や技能を活かした高い品質の商品の開発および取引当事者間のモニタリングと自制による強者の力の制御によって収奪的な競争を回避するという，地域の不文律の維持が産地の存続に資するのである。

　加護野（2016）は，事業の永続性の最重視に加えて「地場産業における相互支援を可能にする地域の産業システムと独特の文化」を長期間の存続の理由に挙げる。その産地の風土や不文律の維持は，地域とのつながりの深いファミリービジネスの社会情緒的資産の形成や保持と無関係ではないはずである。

社会情緒的資産理論を援用すると，有田の中枢と辺境の陶業者が共に保持する，自らの事業と産地の存続が表裏一体であるという共通認識は，陶業者一族が土着のファミリービジネスとして長く事業を承継してきたことによって確立したアイデンティティ，その影響力を保持した上での存続第一主義という，規模の大小を問わずファミリーであるがゆえの情緒的資産を保持するからこそ生まれるのではないだろうか。ファミリービジネスの陶業者は，地域での社会的な認知や地域内での融和という社会的動機からなる非財務的な効用を経済的合理性よりも優先するアイデンティティを形成しているのだろう。

　地域を拠点に代々事業を承継する土着性の強いファミリービジネスの企業家が，自己の利益や経営資源の獲得だけではなく，産地の中での社会的な正当性を動機とし，それを優先して自らの事業と産地の存続を表裏一体として行動する可能性は決して低くはない。そのファミリービジネスの社会情緒的資産は，産地の存続を毀損するような破壊的競争を生む企業家活動に対しては，いかに新機軸としてのインパクトがあっても抑制的に働くのだろう。それゆえに，産地のモニタリングや事業者の自制を通じた評判の形成，信頼の蓄積は，個々の事業者が環境変化によって生じたリスクに対処する際に，地域社会による支えにつながるのである。長く存続する土着の事業者が，地域のステークホルダーとの関係にきめ細かく配慮する理由はここにある。

　社会情緒的資産の概念モデルでは，社会情緒的資産が，管理プロセス，戦略的選択，組織的ガバナンス，ステークホルダーとの関係，ビジネス・ベンチャリングという5つの側面に影響を与え，経営パフォーマンスにつながるとする（Gomez Mejia, et al. 2011）。だが，日本の中小企業のファミリーアントレプレナーシップを考える場合，自らの事業の存続と産地の存続とが表裏一体の関係にあり，長く拠点としてきた地域のステークホルダーとの関わりの中で，経済的な合理性だけではなく，事業の存続と地域に対する社会的な責任を果たすことを通じて社会情緒的資産の保持や増強が図られるという新たな概念モデル構築の重要性が，本章の事例研究から示唆されていると言えるだろう。

6 おわりに

　本章では，有田の事例について社会情緒的資産，オープン・イノベーション，ビジネスシステム，地域の不文律をキーワードとして考察した。もちろん，土着の陶業者のファミリーアントレプレナーシップが，産地の存続を主導する駆動力となった事例は他にも見られる。たとえば，信楽焼産地（信楽）では，産地の経済状況の悪化に対して，ファミリービジネスの窯元が，新しい焼き物づくりに取り組み，建材や観光などのニーズに能動的な姿勢で応えて新たなビジネスチャンスとして活かした（山田，2013；山田・伊藤，2013）。

　経営戦略論では，企業による活動領域の選択をドメインの定義と呼ぶ。事業者が中長期的な視点から存続や発展を図るには，環境変化に対して受動的に対応するだけでは十分ではない。経営戦略という基本設計図の下で新しい製品やサービスを開発し，新市場を開拓できる将来の事業領域を再定義する，すなわちドメインの再定義が必要となる。

　信楽では，ドメインを再定義した中小ファミリービジネスの陶業者が，アントレプレナーシップを発揮して焼成窯の転換や新たなニーズに能動的な姿勢で取り組んだことが契機となり，危機的状況下で産地の協働の仕組みに変化が生まれた。環境変化に対して創造的に反応した窯元が先導し，それに追随した窯元や関連業者の活動の集積が協働の仕組みを変化させ，産地生き残りの力をつくり出したのである[15]。産地の陶業者は，重代の焼き物づくりに誇りを持っているが，先代のモノづくりを墨守することなく，新機軸に取り組んだことが産地の存続につながったのだ。産地に根付く陶業者のファミリーアントレプレナーシップが伝統産地のあり方を変え，その存続に大きく影響したのである。

　伝統的な地場産業産地の存続には，技術や技能の継承と顧客への強い訴求力が必要であり，産地間，産地内，世代間の競争に基づく製品イノベーションの促進と，外部組織と連携した組織間協働の推進が必要である。そのためには，

産地の辺境のファミリービジネスが，新たな組織間協働によって新市場を開拓し，中枢のファミリービジネスがそれを正当化して，産地に蓄積した優れた伝統的技術や技能を新市場の顧客に理解させ，既存事業へ引き込むとともに新たな価値創造に取り組むという，事業者が固有の役割を果たすことで顧客との間に循環的な関係を構築する必要がある。

　地域に根付くファミリービジネスには，陶磁器産業に限らず重代にわたって地域との相互作用によって形成し，保持してきた社会情緒的資産を持ち，地場産業を構成する企業が多い。その企業家活動では，世襲で事業を承継する際に新機軸を打ち出す例が多く見られる。後継者は外部から学び，必ずしも先代の経営を墨守していない。地域の不文律を触媒として，産地と自らの事業の存続に資するような新規性と持続性を必要とするのである。

　本章の事例では，土着の辺境の陶業者がファミリーアントレプレナーシップを発揮することによって，リスクを取って外部組織との組織間協働によるオープン・イノベーションを実現し，経営資源の制約を克服して産地の新たな焼き物づくりの方向性を確立した。ファミリービジネスの戦略的選択は，社会情緒的資産が制御要因となり，リスク志向と地域での責任や利他性を包含することによって，産地の存続に対して持続的な役割を果たすものとなるのだろう。

　阪神・淡路大震災と東日本大震災という歴史的な災禍に見舞われた日本社会では，経済の活性化や人口減少対策を進める政策を通じて，いかにして地域社会の活性化を図るかが主要な課題となっている。地域で変化を起こす役割を果たせるのは，他の地域から来た人や先入観のない若い人，そして馬力のある人たちである「よそ者」「若者」「馬鹿者」だとされる。

　しかし，地場産業の独自性や優位性を環境変化に合った変換によって経済的な価値を生み出すには，旧来の制度や仕組みを環境との矛盾を解消して再構築する変革の持続が必要である。地域社会に埋め込まれた歴史的，社会的な要因と親和性のない「よそ者」は，きっかけ作りができても，変革の持続を主導するのは難しい。地場産業の変革を持続する主導的役割は，地域に根ざして代々事業を承継してきた土着のファミリービジネスが果たしうると言えるだろう。

〈謝辞〉

　事例の記載内容については，百田陶園百田憲由社長，KIHARA木原長正社長，田清窯田中亮太社長からコメントをいただいた。松尾窯の歴史と松尾徳助については，松尾徳助曾孫の松尾博文氏から貴重な示唆をいただいた。厚くお礼申し上げる。ありうべき誤謬は，筆者に帰するものである。

注

1　Chesbrough（2003）（邦訳）8頁。
2　Chesbrough（2006）（邦訳）xi頁。
3　Chesbrough（2003）（邦訳）8頁。
4　源右衛門窯は，六代館林源右衛門が1970年に当時の東ドイツ・ドレスデンで「輸出古伊万里」コレクションを視察して源右衛門窯様式の古伊万里を開発したが，現在は職人の工程別分業で成る工房だけで製作している。
5　伊丹・加護野（2003）484-489頁。企業家活動による新しい市場や需要の創造は，通常，新たな戦略やパラダイムを伴うが，それは業界情報や知識，人材や資金という経営資源を豊富に蓄積した中枢企業ではなく，経営資源や顧客市場の規模に恵まれない辺境企業によって生み出されることが多いとされ，こうした現象は辺境の創造性と呼ばれる。辺境企業は，環境変化によっては存亡の危機に晒されるが，その脆弱性が環境変化に対する敏感さ，特に中枢企業の見逃しやすい小さな変化への敏感さとなり，それが新しい事業機会の発見につながる。逆に，中枢企業は，事業の発展と安定に伴って企業家活動の衰退，環境変化に対する鈍感さ，心理的なエネルギーの低下，経営環境に対する固形化した認識や思考の枠組みの共有という保守性が顕著に表れてくる。
6　図表5-1の基礎となる数値は，志岐宣幸・佐賀県産業労働部長へのインタビュー調査（2018年4月24日）の際に入手した。主要企業は，共販制度（窯元の商社に対する販売代金を組合が代行集金する制度）を採る2協同組合（現在は佐賀県陶磁器工業協同組合と肥前陶磁器商工協同組合）所属企業（2014年約260社）と直販大手2社（香蘭社，深川製磁）を指す。共販売上高は，窯元が共販制度を利用した売上高である。
7　「究極のラーメン鉢」匠の蔵」は，山田（2018a）参照。本章の事例に関するインタビューは，百田陶園・百田憲由社長（2016年2月23日，2016年3月22日，2018年4月24日，2018年7月30日，2019年3月4日），有田焼卸団地協同組合・川尻和彦事務局長（2016年6月2日），KIHARA・木原長正社長（2018年7月31日），香蘭社・深川祐次社長，森知巳総務部長（2018年7月31日），深川製磁・深川一太社長（2018年8月1日），十五代酒井田柿右衛門（2018年4月23日），今右衛門陶舗・今泉善雄社長（2018年12月10日），源右衛門窯・金子昌司社長（2018年8月1日），宝泉窯・原田元社長（2019年3月5日），錦右エ門窯・山口幸一郎社長（2017年3月2日，2018年7月30日），田清窯・田中亮太社長（2016年12月1日），しん窯・梶原茂弘社長（2018年4月25日），青山窯・

川副史郎社長（2018年11月1日），佐賀県・志岐宣幸産業労働部長（2018年4月24日），有田町歴史民俗資料館・尾﨑葉子館長（2018年9月11日，2019年3月4日），黒島観光協会・山内一成理事長，大村正義氏（2017年7月8日），松尾博文氏（2018年7月12日）に対して実施した。

8　「2016/」以外では，フランスのパリで開催される国際見本市の「メゾン・エ・オブジェ」へ出展する「ARITA 400 project」が2013年12月に開始された。

9　松林（2013）56-58頁。

10　有田町歴史民俗資料館・館報「季刊　皿山」No.60, 2003年。

11　松尾徳助曾孫の松尾博文は，松尾徳助四男の松尾秀一から，神父が岩谷川内の松尾家を訪ねてきていたとの言明を聞いている。松尾博文（2019）『黒島天主堂の有田焼タイル：松尾勝太郎・徳助伝』ノンブル・百田陶園，14頁。

12　企業家活動の先行研究では，企業家が新規性の不利益を克服するには正当性の獲得が不可欠とされる。正当性は，「主体の行為がある社会的に構成された規範，価値，信念，定義の体系の中で，一般に望ましく，正しく，ふさわしいと認知，想定される」と定義される。Suchman（1995），573-574頁。

13　「有田の三右衛門」の源右衛門窯・金子昌司社長は，自らの事業と同時に産地の存続が大事であり，大多数の人間はそう思っているという趣旨の言明をした。この認識は，香蘭社，深川製磁，柿右衛門窯，今右衛門窯も持っている。山田（2013）156-157頁。

14　十四代今泉今右衛門講演（2016年7月24日，於掛川），今右衛門陶舗・今泉善雄社長も多様な有田焼の存在が産地の特徴という趣旨の言明をした。

15　信楽の分析は，山田（2013），山田（2016a），山田・伊藤（2013）を参照。

（山田　幸三）

ポートフォリオ・アントレプレナーの社会情緒的資産（SEW）と海外市場参入

──岐阜県・小林生麺[1]

1 はじめに

　本章の目的は，ファミリービジネスとしての中小食品企業の海外市場参入プロセスに関して，経営者がそれまでに得た能力と知識とを踏まえて，どのような意思決定と行動をしたのかを，社会情緒的資産（以下，SEW）の視点から解釈し，明らかにすることにある。

　食品産業は内需性が非常に強い。また，食品産業の市場規模は，胃袋産業といった別名が示すように，一国の人口とその胃袋の総体的な大きさに依拠する。日本では2008年以来，高齢化および人口減少が同時に進展し，今後もその傾向が続いていく。すなわち，日本人の数は少なくなり，胃袋の数は少なくなり，胃袋のサイズも小さくなっていっているのが現状である。その結果，食品産業の国内市場規模は縮小を余儀なくされている。

　翻って，海外に眼を向けると，世界の人口は増加しており，食品産業の市場規模も増大している。そうした中で，日本の食品産業に対する関心は世界的に高まっている。日本食レストランの数は近年，世界中で増加しているし，「和

食」はユネスコ無形文化遺産の1つに選ばれている。このように，日本の食品産業に対する関心は世界的に非常に高まっているのである。

　また，政策サイドでも，「攻めの農林水産業」の下，「世界的に拡大する『食市場』の獲得」の実現のために，食品輸出に関する様々な施策が展開されている。2016年には，農林水産省により，「農林水産業の輸出力強化戦略」が取りまとめられ，「食品事業者を海外につなぐ」ために，JETROなどの積極的な活用が提言されている。

　これらの経営環境，政策サイドの変化に呼応して，日本の食品産業では海外輸出が拡大している。2018年の加工食品の輸出金額は約3,100億円に上り，過去最高を記録している。ただし，中小食品企業が海外輸出を志向し，実現する例はいまだに少ない（中小企業白書，2014，p.297）。本章で取り上げる製麺業界をはじめとして，日本の食品産業の多くは中小ファミリービジネスで占められている[2]。また，中小食品企業の経営行動を考える際には，「地域」が鍵となる。なぜなら，中小食品企業の経営は往々にして，地域の需要に立脚しているからである（Zondag, et al., 2017）。

　なお，本章では数多ある食品産業の中でも，以下の理由から製麺業に焦点を当てる。1つ目の理由は，上述したように，製麺業界の企業の多くが中小ファミリービジネスだからである。2つ目の理由が，近年，日本における「パスタ」や「即席麺」，「うどん・そうめん・そば」の輸出金額は大幅な拡大傾向にあるということである（**図表6-1**）。これは幾つもの中小製麺企業が海外市場参入を志向し，実現していることの傍証でもある。そして，3つ目の理由が，食品としての麺が有する特性である。

　食品とは，ヒトが日常的に経口摂取し，栄養として体内に取り入れるものである。そのため，食品はその国・地域の文化と密接に関係している。ある国のヒトは好む食品を，ある国のヒトは拒絶するといった，「文化感応性」が非常に高いのである。すなわち，食品を海外輸出しようとした際には，標的とする国の消費者に受け入れてもらえないという「文化的障壁」（Barkema, Bell and Pennings, 1996）に直面することになる。ただし，文化感応性や文化的障壁の

性質や程度は食品の種別により，差異や濃淡がある。味噌，こんにゃくなどの場合，「日本独特の食品を外国人に受け入れてもらうためにはどのようにすればよいのか」といったことを考えるのが，海外市場参入の出発点になる。

||| 図表6-1　麺類の輸出動向

(万円)

	2014	2015	2016	2017	2018	2014-2018 増加率
卵入りのパスタ	4,558.6	4,558.6	4,397.8	8,714.6	14,673.0	321.9%
スパゲッティ，マカロニ	14,031.9	14,031.9	13,113.8	13,108.9	13,626.3	97.1%
うどん，そうめん，そば	380,691.9	380,691.9	407,792.5	421,894.3	426,728.0	112.1%
詰め物をしたパスタ	27,469.9	27,469.9	41,459.1	48,038.4	57,696.7	210.0%
インスタントラーメンなど即席めん類	427,661.3	427,661.3	514,490.5	583,726.9	625,842.0	146.3%
その他	292,433.1	292,433.1	344,775.9	378,892.0	421,268.6	144.1%
合計	1,146,846.7	1,146,846.7	1,326,029.6	1,454,375.1	1,559,834.6	136.0%

出所：財務省『貿易統計』より筆者作成

　一方，中華麺，そば，うどん，パスタで趣は異なるものの，麺それ自体は日本でも海外でも標準的な食材だと言える。実際，Fu（2008）は「古代から多くのアジアの国々で，主食として，様々な中身，製造方法，形状の麺が主食として用いられてきた」と指摘している。また，McClatchey（2011）[3]では「パスタ／麺は世界で最も好まれている主食である」とも言及している。すなわち，味噌やこんにゃくとは異なり，「日本の麺を，日常的に麺を食している外国人に受け入れてもらうためにはどうすればよいのか」といったことを考えるのが出発点になる。そして，本事例研究の独自性にもなる。
　また，SEWの観点から，ファミリービジネスの国際化を描写し，分析しよ

うとする研究はいまだに少ない。特に日本の中小企業を対象にした研究はほとんど存在しないし，食品企業に焦点を当てた研究は皆無と言ってよいだろう。

　これらの3つの理由を踏まえた上で，本章では岐阜県の製麺企業である小林生麺株式会社と三代目社長小林宏規の事例を詳細に記述していく。小林宏規は飲食関連企業のデイリーダイニングを起業した後，小林生麺を事業承継した。すなわち，アントレプレナーと事業承継者の2つの顔を有するポートフォリオ・アントレプレナーと捉えることができる。その上で，同社の海外市場参入の立役者にもなっている。本章では，小林宏規はポートフォリオ・アントレプレナーとしてどのような能力や知識を得たのか。それが小林生麺における事業承継とその延長線上にある海外市場参入にどのように結びついたのかを，SEWの観点から明らかにしていく。

2　分析の視点

(1)　SEWと国際化・海外市場参入

　経営学では，企業の国際化・海外市場参入を，経営者の様々な意思決定と行動の延長線上にある経営成果として捉えている。加えて，一口に国際化・海外市場参入と言っても，その形態は様々である。企業の国際化・海外市場参入のプロセスを説明した代表的なモデルとして，ウプサラ・ステージ・モデルがある。ウプサラ・ステージ・モデルでは，企業は学習し，経験を積み重ねながら，間接輸出，直接輸出，海外販売子会社設立，海外生産，研究開発活動の移転といった国際化のステージを上がっていくと説明されている（Johanson and Vahlne, 1977；遠原，2012）。ただし，これらの研究の多くは大企業を対象としたものである。

　中小企業の海外市場参入プロセスに関しては，ボーン・グローバル企業やボーン・アゲイン・グローバル企業といった概念が存在する（Jones, et al.

2011)。ボーン・グローバル企業とは，起業後すぐに直接輸出を開始する企業のことである。また，ボーン・アゲイン・グローバル企業とは長らく国内市場だけで活動していたが，突然，直接輸出などで国際化する中小企業のことを示す。その上で，アントレプレナーシップ研究では，どのようにして，ボーン・グローバル企業やボーン・アゲイン・グローバル企業が生まれるのかといったことに焦点が当てられてきた。そして，経営者のアントレプレナーシップとそこに付帯する意思決定と行動が重要な要素になることが提示されている。

　上述した国際経営論やアントレプレナーシップ研究の議論を踏まえた上で，近年，SEWがファミリービジネスの海外市場参入プロセスを解明するための分析視点として，用いられるようになっている。第1章でGomez-Mejia, et al.（2011）を紐解きながら述べたように，ファミリービジネスは海外市場参入など国際化を忌避するとされている。なぜならば，海外市場を志向し，実現しようとすると，「外部資金の導入」が必要になったり，「情報収集や販路開拓を専門とする外部人材の招聘」が必要になったりするからである。外部資金を導入すれば，金融機関の影響力は強くなるし，経営陣に外部人材が加わればファミリーの影響力は弱まる。すなわち，SEWの減少が生じてしまうのである。

　そのため，ファミリービジネスの海外市場参入に関しては，SEWの観点から様々なことが指摘されている。たとえば，Kao and Kuo（2017）では，ファミリービジネスはSEWを維持するために，海外子会社の株式をより多く所有しようとすると指摘している。また，Kraus, et al.（2016）では，ファミリービジネスは共通の価値観を有する海外代理店などとパートナーシップを構築することで，SEWの減少を回避するとしている。Duran, et al.（2017）では，SEWの観点から，ファミリービジネスの海外市場参入を促すための公共政策の必要性を指摘している。

　さらに，Cesinger, et al.（2016）では，ファミリーメンバーは自社に関する知識を深く有しており，ファミリービジネスはファミリーメンバーの知識に依拠すると指摘している。その上で，ファミリーメンバーがどのくらい海外市場参入に関する知識を有しているかが，ファミリービジネスの海外市場参入を考

える上で重要だとしている。言葉を換えれば、ファミリーメンバーがどのように海外市場に関する知識を獲得・向上させ、それを自社のSEWの保持・増強にどのように結びつけて考えたか、そのプロセスに着目することが重要なのである。

(2) SEWとポートフォリオ・アントレプレナー

　ファミリーメンバーの知識に着目した場合、有用な分析視点になるのが、ポートフォリオ・アントレプレナーの概念である。既存研究では、アントレプレナーを幾つかの類型に区分してきた。まず、アントレプレナーはそれまでの会社の所有・経験の有無から2つに分けることができる（江島、2011）。1つは「ノービス・アントレプレナー（Novice Entrepreneur）」である。日本語では「初心者としての起業家」といった意味で、過去に企業の所有・経営の経験が全くないアントレプレナーのことを示している。

　もう1つは「ハビチュアル・アントレプレナー（Habitual Entrepreneur）」である。日本語では「経験のある起業家」といった意味で、過去に企業の所有・経営の経験があるアントレプレナーのことを示している[4]。アントレプレナーにとって、過去の創業および企業の所有・経営に関する経験の有無は非常に重要だと言える。アントレプレナーは企業の所有・経営の経験を通じて、自身の知識を向上させられるからである。そうした知識はその後の事業に活用することができる（Ucbasaran, et al., 2008）。

　ハビチュアル・アントレプレナーはさらに2つに大別することができる。以下の説明はWesthead and Wright（1998）に基づいている。1つは「シリアル・アントレプレナー（Serial Entrepreneur）」であり、日本語では「連続起業家」と呼ばれている。シリアル・アントレプレナーとは過去に1つ以上の企業を起業、売却した経験があり、さらに現在、企業を創業あるいは買収して、所有・経営している人物のことである。

　もう1つは、「ポートフォリオ・アントレプレナー（Portfolio Entrepreneur）」である。ポートフォリオ・アントレプレナーをあえて日本語にするならば、

「兼任起業家」と訳すことができるだろう。ポートフォリオ・アントレプレナーは自身が創業した企業を保持しながら，新たに異なる企業を創業したり，買収したりして，所有・経営する人物のことを示す。また，Ucbasaran, et al.（2008）では，ノービス・アントレプレナーおよびハビチュアル・アントレプレナーが新規企業を創業するか，もしくは既存企業を獲得するかの行動面から区分しており，ファウンダー（founder：創業者）とアクワイヤー（acquire：獲得者）の2つに分けている。Ucbasaran, et al.（2008）の区分は，**図表6-2**のようになる。

||| 図表6-2　アントレプレナーの分類

	単一の起業行動	複数回の起業行動	
	ノービス・アントレプレナー	ハビチュアル・アントレプレナー	
		連続	兼任
		シリアル・アントレプレナー	ポートフォリオ・アントレプレナー
新規事業への関与	ノービス・ファウンダー	シリアル・ファウンダー	ポートフォリオ・ファウンダー
既存事業への関与	ノービス・アクワイヤー	シリアル・アクワイヤー	ポートフォリオ・アクワイヤー

出所：Ucbasaran, et al.（2008）の図表を筆者が翻訳

　なお，ポートフォリオ・アントレプレナーは，ファミリービジネスの経営とSEWの関係を考えるにあたっても有用な概念である。Mulholland（1997），Rosa（1998）では，ファミリーがポートフォリオ・アントレプレナーシップを発露し，新たな事業や企業を創業したり，獲得したりしようとするその背景にSEWが介在していることが示唆されている。たとえば，Detienne and Chirico（2013）は，ファミリービジネスにおけるポートフォリオ・アントレプレナーシップの目的として，経営上のリスクの回避による，事業の永続があると指摘している。

　また，Gomez-Meija, et al.（2011）は「ファミリービジネスでは，ファミ

リーメンバーに地位や役割を与えるために，新たな事業や部門が立ち上げられる」と指摘している。Detienne and Chirico（2013）でも，ファミリービジネスではファミリーメンバーに対するキャリア上の便宜を図ろうとして，新たな事業や企業を生み出そうとすることが指摘されている。さらに，Cruz, Hamilton and Jack（2012）では，ファミリーは自社の伝統や歴史をより良いものにしようとして，新たな企業や事業を生み出そうとするとし，往々にして，子供など事業承継者が新たな企業や事業の創出・獲得の担い手となるとも指摘している。

　このように，既存研究では，ファミリービジネスの経営とポートフォリオ・アントレプレナーの概念は，SEWを介在させながらリンクしているのだと言える。以上を踏まえ，次節では，海外市場参入を志向し，実現した中小食品企業である小林生麺の事例を記述する。

3　事例：小林生麺──グルテンフリーヌードルによる海外市場参入

　本事例は小林生麺株式会社（従業員数27人，売上3億3千万円，岐阜県岐阜市）の三代目社長・小林宏規の視点に立脚ながら，記述していく。本事例に関しては，1回2〜3時間のインタビューを5回，合計15時間以上行った[5]。

(1)　事業概要

　小林生麺は生パスタ，生ライスヌードル（生米粉麺・生フォー），生中華麺，生うどん，餃子皮，ワンタン皮，シューマイ皮の製造を手掛けている企業である。その中でも，近年ではグルテンフリーヌードルの製造と販売で著名な企業である。グルテンフリーとは「小麦や大麦あるいはライ麦に含まれるグルテン（たんぱく質）を一切原料に含まない」ことである[6]。現在，欧米を中心に，小麦アレルギー患者やセリアック病患者のための様々なグルテンフリー食品が開

144

発され，販売されている。

　小林生麺では2003年以来，グルテンフリーヌードルの開発に携わり，アメリカ市場への輸出と海外拠点の設立といった国際化を推し進めている。同社の売上全体に占めるグルテンフリーヌードルの割合は33％で，そのうちの１／４が輸出である。アメリカ市場に続き，2019年度はベトナム市場の開拓も開始している。また，岐阜県農商工連携ファンド事業費助成金に採択されるなど，岐阜県の食品産業界でも存在感を有している。**図表6-3**に，小林生麺の国際化の系譜を表として掲載する。

||| 図表6-3　小林生麺のグルテンフリーヌードルに関する主な出来事

2003年	グルテンフリーヌードルの取り組み開始
2005年	米粉麺専用工場新設
2010年	アメリカ市場などに着目する。NYでの展示会に参加
2011年	NYでの展示会に参加。グルテンフリーブームを強く認識する。
2012年	「米粉麺の製造方法」で日本の特許取得。アメリカでも特許出願。世界各国で展示会に参加。
2013年	ドイツの展示会に参加
2014年	アメリカ・ロサンゼルスに海外拠点設立。　Webサイト，インターネット販売を開始。
2015年	グルテンフリー認証取得。アメリカ企業J社に技術供与開始。
2016年	アジア各国に輸出開始。ハラル認証取得。

出所：小林生麺提供資料より抜粋

　小林生麺は岐阜県製麺協同組合に属する製麺企業であり，その創業は1947年まで遡る。2016年に現社長の小林宏規が取締役社長に就任している。同社の株式は小林宏規が20％，父親である代表取締役会長の小林俊夫が40％，母親が10％所有するなど典型的な家族企業でもある。小林生麺が製造する麺の種類は200種類に上がり，近隣の同業他社と比較しても圧倒的とされている。経営上の最大の特徴が，グルテンフリーヌードルをアメリカや欧州に輸出していることである。後述するように，小林宏規は2004年にデイリーダイニング（従業員

数100人（内，正社員20人），売上3億円）という企業を創業して，ハワイにも海外展開している。ただし，現在，ハワイの店舗は別会社となり，他者にまかせている。デイリーダイニングの株式は100％，小林宏規が所有している。

(2)　二代目社長・小林俊夫の来歴

　創業者・初代社長は小林宏規社長の祖父小林雄夫であり，北海道余市町出身である[7]。小林雄夫は太平洋戦争を契機にして，岐阜県各務原市を訪れる。その過程で，伴侶と出会い，岐阜市に居を定めた。小林雄夫は小林生麺を創業し，近隣のうどん屋やそば屋向けにうどん，生そばの製造を手掛ける。次いで，1953年には当時まだ全国的にも珍しかった餃子皮の製造を始め，製造ラインも構築している。小林宏規の父親であり，二代目社長である小林俊夫（現会長）が生まれたのは，小林生麺の創業年と同じ1947年である。小林俊夫は1970年代初めには家業を手伝うようになる。1981年には小林生麺の法人化もなされた。

　小林俊夫は日々の業務から，「うどんの需要が頭打ちになっている」といったことを感じ取る。そして，自身の経営判断から，ラーメン用の生麺製造を開始する。いずこかの製麺所に修行しにいったというわけでなく，独学でラーメンの生麺の製造方法を身につけていった。そして，「中華料理屋がどのようなスープを作っているのか」ということを踏まえた上で，「このような麺ができる」と近隣の中華料理店に提案し，製品開発をする。小林俊夫の経営の特徴は

新たな麺の製品開発に集約される。実際，小林生麺の製造品目は公開されているだけでも先述したように多岐にわたっている。

中華料理店は比較的，開業が容易な業態である，加えて，通例，中華料理店の開業のためには，いずれかの店舗で料理人として修行する必要がある。そのため，ある中華料理店が小林生麺の生中華麺を用いていた場合，当該店舗からの独立・開業した中華料理店も小林生麺の麺を用いるようになる。

こうした中華料理店の慣行を背景に，小林生麺は岐阜市内外で新たな顧客を開拓していった。小林宏規が「親父である小林俊夫は麺作りが趣味だ」「麺作りに傾注していて，家族で旅行もしたことがなかった」と評するように，小林生麺は顧客である個々の中華料理店の要望に合わせて，どのような小ロットでも中華生麺を製造し，供給してきた。時には採算度外視で，顧客の望む麺を作り，販売したこともあると言う。

これまで，小林生麺が開発してきた麺は合計200種類以上に上り，現在は120種類の麺を製造し，販売している。また，1985年に小林俊夫が旅行でイタリアを訪問した際，生パスタに出会っている 。その味に感銘を受けて旅行計画を変更し，ローマやフィレンツェのレストラン，製麺工場，食品メーカーを訪問した。そこでの経験を踏まえて，日本に帰国後，小林生麺は生パスタを手掛けるようになる。1989年には小林生麺に，生パスタ製造ラインも増設している。

(3) 小林生麺と地域

次に，小林生麺と地域の関係について詳述する。先述したように，小林生麺は近隣のうどん屋や蕎麦屋の多くに麺を販売していた。その結果，小林俊夫は地域の名士としての顔を有するようになった。たとえば，小林俊夫は岐阜市内および周辺地域を対象とした岐阜東ロータリークラブの活動に積極的に関わり，2004〜2005年に幹事，2012〜2013年には会長を務めた。それ以外にも，地元の中学校のPTA会長なども務めている。このように，小林俊夫は小林生麺での活動を核にして，地域との関係性を様々に有してきた。

小林俊夫の活動において，本論文と密接な関係にある事象が，「米粉麺」の

開発である。ここには岐阜県の地域資源としての特産米「ハツシモ」が介在している。ハツシモは1950年に岐阜県の奨励品種になっている[8]。岐阜市など美濃平坦部の気候風土に生育が合っているとされ，岐阜県における米の作付面積の40％近くを占めている[9]。2003年に小林俊夫は友人から，

「重度の小麦粉アレルギーの息子でも食べられる麺を作ってもらえないか」

と言われる。小林俊夫が小麦粉アレルギー用の麺の原料として米粉が使えるのではないかと考えていたところ，日本全国および岐阜県で，行政が主導する米粉ブームが生じた。当時の日本では「食料自給率の低下」や「小麦粉の価格高騰」「米余り」が政策的な課題になっていた。そのため，農林水産省が主導して，輸入に依存する小麦粉を米粉に代替しようとする取り組みが始まっていた。2008年9月には国産米粉の流通ネットワークの構築を目指して，NPO法人「国内産米粉促進ネットワーク」も設立されている。

岐阜県では2005年から企業が米粉商品開発研究会を設立して，ハツシモを用いた米粉の利用を推進していた。たとえば，有限会社レイク・ルイーズによるハツシモを用いた「べーめん」の開発もその1つである[10]。こうした中で，小林俊夫も当該研究会に参加したのである。2005年には小林生麺に生米粉麺工場を新設している。2009年に，岐阜県は「ぎふ米粉元年」と銘打って，岐阜県内の米粉の需要拡大を展開していった[11]。その上で，「岐阜県産米粉普及推進ネットワーク」も設立されている。

岐阜県内外の動向を背景にして，小林俊夫は米粉商品開発研究会や岐阜県産米粉普及推進ネットワークに参加しつつ，「米粉麺は事業化できる」という強い想いの下，米粉うどん「お米のらーめん」，「お米の平うどん」といった商品を開発，販売していく。すなわち，小林生麺は地域に埋め込まれながら，地域資源を用いて，米粉麺の開発を手掛けていったと言える。

なお，小林俊夫の米粉麺に関する開発者としての姿勢を端的に表しているのが，特許の取得である（**図表6-5**）。小林俊夫は2003年以来，「主原料粉として米粉のみを使用するにもかかわらず，従来の一般製麺法により米粉麺の製造を

行うことができる米粉麺の製造方法」を開発した[12]。具体的には，米粉麺の製造方法として，① 原料である米粉に水を加え，混合原料を調製する，② 混合原料を混練して混練物を形成する，③ 混練物を圧延して麺帯を形成する，④ 麺帯を所定の麺形状に切り出す，④ 麺を包装するといった一連の工程を設定している。その上で，熱殺菌と米粉の糊化を同時に行い，つなぎとしてのグルテンを一切使わずに，米粉麺にもちもちとした食感を与えることに成功してい

||| 図表6-5　小林生麺の特許「米粉麺の製造方法」の概略図

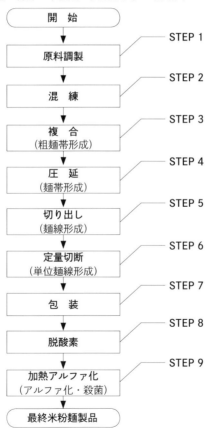

出所：特許情報プラットフォームより，小林生麺「米粉麺の製造方法」参照

る。「米粉麺の製造方法」は2011年4月に特許出願され，2012年9月に特許取得に至っている。また，岐阜県産業技術センターによる米粉の物性評価技術に関する研究に関わったりもしている。加えて，2017年5月に設立された日本米粉協会では，品質管理委員会委員も務めている。

　このように，小林俊夫は岐阜県内外で米粉麺の開発・製造・販売の第一人者の1人と目されているのである。

⑷　小林宏規の活動

　小林宏規は1976年に小林俊夫の次男として生まれる。小林宏規は「兄は優等生で，自分はガキ大将だった」と述べている。小学校低学年の時から，父親についていくかたちで，小林生麺に出入りしていた。そこで，父親が自宅にいる時と，小林生麺で顧客と接している時で，姿や雰囲気が全く違うことに気付いた。小学校では学級委員を務めたり，運動会の応援団長を務めたりした。中学生になると，岐阜県製麺協同組合の父親の知人や顧客である中華料理店店主から「小林生麺の麺は美味しい」という評判を繰り返し聞いていた。

　その後，小林宏規は岐阜東高校に入学する。高校2年生時までは将来の進路選択として，「これをしていこう」という想いはなかった。高校2年生時にアメリカのコロラド州に渡り，ホームステイを初めて経験している。高校3年生時にはオーストラリアに渡り，ホームステイをしながら，現地の友人も作った。こうした経験から海外に目を向けるようになり，1994年3月に高校卒業後は，1994年6月に渡米し，9月にアメリカのコロラド州にある大学への進学を決意するに至る。アメリカに滞在している間，高校時代の友人とは文通で連絡を取り合っていた。小林宏規の友人の多くは高校卒業後，専門学校に進学したり，就職したりしていた。小林宏規がアメリカ留学中に結婚し，家族を持った友人もいた。そうした友人とのやりとりの中で，小林宏規は自分の人生を考えるようになる。

　渡米して1年半が経った時，小林宏規は初めて現地の日本食レストランに入り，日本食を食した。そこで，現地のアメリカ人や他国からの留学生，日本人

がすごく楽しそうに日本食を食べているのを見た。小林宏規は，

> 　自分は今まで何をしてきたんだろうと考えたら，学級委員をやったり，クラスでバカなことをしたり，応援団長をしたりして，人に喜んでもらったり，笑ってもらうことばかりやってきたことに気が付いた。そして，自分が仕事するのであれば，自分の好きなことをやっていきたいと考えた。自分の好きなこととは自分が継続的にやってきたこと，自分はそういう仕事につかなければいけないと思っていた。人に喜んでもらうことを考えたときに，お笑い芸人だけが頭に浮かんでいた。でも，自分ではお笑い芸人はどうなのかと思っていた。(小林宏規)

> 　そのような中，渡米して初めて行った日本食レストランで，こんな面白い仕事があるんだと思った。自分は将来，お笑い芸人になるしかないと思っていたが，レストランビジネスをやろう。そして，米国に自分の日本食レストランを出そうと考えるようになった。(小林宏規)

と述べている。そして，アメリカの大学の2年次が終わった1996年9月にオーストラリアの大学に移る。そこでレストランビジネスを学ぶようになった。

　なお，小林宏規がオーストラリアの大学在学中，日本に一時帰国した際，岐阜市内を自動車で走り回ったことがあった。そのとき，小林宏規は岐阜市中の幾つもの中華料理店の店先に，小林生麺の空箱が置いてあることに気が付いた。自動車を走らせながら，「ここにもあそこにもうちの麺の空箱がある」と思い至り，驚いた。改めて，小林生麺の価値を認識する原点になったのである。

　オーストラリアの大学ではシェフとしての技術も学んだ。料理の見習いができないかとオーストラリア・ブリスベンにある日本食レストラン21店舗すべてを回るも，願いはかなわなかった。その話をオーストラリアの大学の教員にしたところ，知り合いの地中海料理のレストランを紹介してもらい，在学中の2年間，無給で見習いをしている。なお，当該レストランは5つ星のレストランであった[13]。

　1999年6月に小林宏規はオーストラリアの大学を卒業後，日本に帰国し，

1999年7月に岐阜の調理師専門学校に入学する。自分がアメリカで出店ができるよう，調理師の免許をとり，ワーキングビザをとれるようにしておこうと考えた。また，アメリカの日本食レストランで提供する料理，たとえば，肉じゃがの味付けを考える際，洋食の味付けを基礎として，アレンジすることも考えていた。当該専門学校は学費も安価で，年度の途中入学も認めてくれた。調理師専門学校在学中は，学内外の調理コンテストに刺激と腕試しを求め，熱心に参加した。農林水産省主催の『チキン料理コンテスト』で，「アメリカ大使館賞」を獲得するなど，料理人として技を磨いていく。

　調理師専門学校卒業後は，2000年4月に父親の知り合いでもある岐阜市の著名なフランスレストランで，料理人としての修業を開始した。当該フランスレストランは懐石料理店も有していた。小林宏規としては願ったりかなったりで，フランス料理と日本料理両方の修行に励むことになったのである。当初，師匠でもあるフランスレストランのオーナーシェフとの話では，3年間の修行という話だった。2年半が経った頃，小林宏規は再度のアメリカ渡航の準備を始めた。そのとき，オーナーシェフから，

「新しく開店しようと思っている郊外店の土地取得の見通しがたった。雇われ店長として，自分の店を持たないか」

という誘いを受ける。小林宏規は，

　　自分がいずれなりたいと思っているのはオーナーシェフであるし，飲食店の世界では師匠からの誘いは断るわけにはいかない。一見さんお断りのフランスレストランがついに郊外店を出したのだし，この話を受ければオーナーシェフが喜んでくれる。店長の仕事はアメリカでも日本でも同じようにできる。日本で店長になって，その後，アメリカに行って，アメリカで就職して，アメリカで独立して，オーナーシェフになればよい。それが夢をかなえることである。自分がオーナーシェフになるには，雇われ店長の道を通らなければいけない。どっちみち，どこかで通る必要がある。ならば，お世話になった人の力になるほうが筋である。(小林宏規)

と考え，3年間ならばよい，ということで，その誘いを受諾する。そして，雇われ店長として，2003年2月18日，岐阜市の郊外に食堂カフェ「むつとみ」を開店し，メニューを考え，従業員を集めていったのである。

　小林宏規は「自分のような若造の料理を食べに来てくれるようなお客がいるのか」という不安の中，事業を開始した。当初は売上があがらず，アルバイトの解雇を示唆されるも，「従業員を大切にしたい。人件費を削るわけにはいかない」と自分の給与をゼロにするなどして乗り越えていく。また，開店時間を24時まで延長したり，オーストラリアのレストランで経験した「店内を真っ暗にする」「テーブルにキャンドルを立てる」「テーブルクロスを紙にして，クレヨンで絵を描けるようにする」といった“空間で遊ぶ”コンセプトを自店に導入したりする。

　その結果，事業は軌道に乗り，3年が経った頃，小林宏規の胸の中で，アメリカでの日本食レストラン開店の夢が再燃する。一度は食堂カフェを辞めようとしたが，パートを含めた11人の従業員に引き留められることになる。そうした中で，食堂カフェを買取り，自分がオーナーになり，事業を展開していくといった話が生じた。小林宏規は，食堂カフェ「むつとみ」を300万円で買い取り，飲食店経営・飲食店プロデュースを手掛ける有限会社デイリーダイニングを起業する。小林宏規はこの時の心境を，

　　個人の夢が終わった。個人の夢をやめて，アメリカに行くのを組織の目標にした。その結果，稼ぐ必要が生じたので，事業を多角化していった。（小林宏規）

と述べている。

　小林宏規はあるとき，TV番組で「母親や父親による子供の虐待が頻繁に起きていること」を知った。父親や母親が子供に手を出すのは「日々の子育てからのストレス」が原因であり，父親や母親が「孤独感から解放されるような，そんな食事空間，料理，サービスを提供したい」とキッズルームや授乳室を完備した親子カフェ「クローバーコーヒー」を2006年，岐阜県大垣市に開店する。

同店は好評で，岐阜県内に何店舗も展開している。

　さらに，病院給食や学校給食を開始しようと思った。しかし，それらを手がけるには経験が不十分だと感じた。そこで，近接分野で経験がそこまで求められないのでは，と感じた老人介護施設の給食を手掛けるようになる。2006年10月に老人介護施設から介護給食事業を受託し，当該施設の食事の調理を担うようになる。加えて，イタリア料理店や焼き肉店，韓国料理店，お好み焼き店を経営したり，飲食店のコンサルティングも手掛けたりするようになった。デイリーダイニングは事業を多角化し，成長していったのである。2010年にはデイリーダイニングとして，ハワイに屋台店を出店するなど，海外展開も開始した。

　そうした中で，小林宏規は父親である小林俊夫が作る麺の価値を改めて認識するようになる。小林宏規は2003年，食堂カフェの店長の時，小林生麺に生麺を発注したことがある。しかし，当時は美味しくないし，高いと思って，それ以降の外注はやめていた。食堂カフェでもデイリーダイニングでもしばらくは乾麺を使っていたのだが，お客の回転数を考えて，生麺のほうが良いと判断し，生麺を再導入した。そして，久しぶりに小林生麺の麺を食べてみたところ，非常に美味しかった。

> 父親は自分の知らないところで，製麺技術を改善し続けている。（小林宏規）

　このことに気が付き，衝撃を受けた。他社と比べても美味しく，しかも自分が欲しい麺を作ってくれるのである。

> 麺の中にブラックペッパーを入れてくれと言ったら，入れてくれた。他の製麺会社にこのようなサービスはない。また，小林生麺では誰に対しても，当該サービスを提供している。デイリーダイニングの経営者として，小林生麺を客観的な目で見ることができ，父親の生麺や顧客に対する姿勢に感銘を受けた。（小林宏規）

2011年の同じ頃，食品会社に勤めていた小林宏規の兄が，「小林生麺を継がない」という決断をした。それを聞いた小林俊夫は「小林生麺を閉店するか売却する」と言うようになった。小林宏規はそれを聞いて，ショックを受ける。

> 　小林生麺が閉店したり，売却されたら，誰が岐阜県の中華料理店に生麺を作ったり，自分の会社にブラックペッパー・パスタ用の生パスタを作るんだ。(小林宏規)

と考えた。その結果，小林宏規は「将来，小林生麺を事業承継する」ことを決断したのである。なお，小林宏規は兄の知人から，兄のことを「あの小林課長の弟さんなんですか。無茶苦茶すごいヒトですね。休みをとらないし，取引先が困っていることを，身を挺してでも解決しようとしている」と高く評価されたことがある。こうした経験も，小林宏規の小林家および小林生麺への想いを強くしていった。

　2011年には「おやじパスタ＆むすこソース」という企画で，小林俊夫の作るパスタと小林宏規が作るソースを掛け合わせたランチ企画を，クローバーカフェで開催したりもしている。そのときの様子が**写真6-1**である。

||| **写真6-1　おやじパスタ＆むすこソース企画の様子**　　（小林生麺より提供）

||| 写真6-2　小林宏規近影（筆者撮影）

　　小林宏規はこのときの想いを自身のブログで以下のように表現している。

　　　麺に対する情熱は世界一!!　今だに親父を超える人は見た事がありません!!
　本当に凄いんです。自分が生まれて,,,,，休み無く麺の事を考え働く日々！　当
　然！　家族旅行もお正月もその他もろもろの行事は小林家にはいっさいありませ
　ん！　しかも家族そろっての朝食昼食は人生で一回も無し！　夕食は年に数回だ
　け！　働いてるか，寝てるかのどっちか！　それが自分の親父！　最高にかっこ
　イイ。そんな親父の経営する「小林生麺」さんの協力を得て，オリジナル生パス
　タを作ってもらいました。その名も「 親父パスタ」生パスタを作り20年以上,,,。
　自分が中学生の時に製造開始！　一生懸命製造に打ち込む親父の姿。でも正直マ
　ズかった親父の生パスタ！　試行錯誤の繰り返しと常に新しい物への挑戦の
　日々！　絶対に諦めない精神！　そして完成した生パスタ。美味いです！　本当
　に美味しいです！　その親父のパスタを「親父パスタ」と勝手に命名！　そして
　今回！　クローバーコーヒー本店のランチに導入する事になりました。最高の生
　パスタ！　がある！　後は最高のソース！　は俺が作る。そして，大切な最高の
　サービスと共にお客様へ提供させてもらいます！（小林宏規）

　また，これと前後して，小林宏規は小林俊夫の作る麺をアメリカで販売することを考え始める。小林宏規は自分のアメリカ出店の夢と父親の麺の価値に対する評価をつなぎ合わせるようになったのである。

　　自分はアメリカで大学生活を送ることができた。アメリカでの生活では自分の人生に大きな影響を得ることができた。それを可能にしてくれたのは，やらしてくれたのは両親だ。そのため，大学時代から，アメリカに親父を連れていきたいと考えていた。親父にも自分が見た商品を見てほしかった。そして，親父の作ったものを広めていこう。アメリカの大きさを伝えていこうという気持ちがあった。(小林宏規)

　　大学を卒業して，ビストロ・むつみでフランス料理の仕事をしているとき，親父は母親と結婚する際，「俺は東海一の麺職人になる」と言ったと聞いた。あの親父がそんなことを言うんだと驚いた。僕からしたら，親父は世界一の麺職人だと思っている。だったら，自分が親父を世界一にしてやると考えるようになった。(小林宏規)

　　自分のコンサルティング先の飲食店に親父の作った麺を売っていきたいとも考えた。小林生麺の従業員の方々にとっても，自分達で作った麺を，自分達の手で詰めて，海外に行って売ることで，自身を誇りに思えるんじゃないかとも考えてた。お客さんが喜ぶ姿を見てもらいたかった。(小林宏規)

小林生麺は2010年から2011年にかけて，岐阜県産業経済振興センターからの紹介で，農林水産省の「海外ビジネスネットワーク構築事業」に選定される。そして，2010年および2011年の2月28日～3月2日に，International Restaurant & Foodservice Show of New Yorkの日本パビリオンに出展することになったのである。小林宏規は父親の通訳として当該展示会に参加し，以下のような経験をする。

> 　米粉うどん，玄米うどん，豆乳うどんの3つを展示会に持って行った。当初は米粉うどんを『ライスヌードル』という言葉にしたり，玄米うどんを『ブラウンライス・パスタ』という名前にしたりしていた。どの商品も全く鳴かず飛ばずだった。あるとき，1人のアメリカ人から「ライスヌードルと書いてあるけど，これはグルテンフリーなのか」「小麦は入っていないのか」と問い合わせを受けた。そこで『グルテンフリー』という言葉を知り，その日の晩にホテルで調べた。翌日，展示場にグルテンフリーヌードルと書いて貼ったら，長蛇の列が出来た。スーパーマーケットに行くと，グルテンフリーという棚があることにも気が付いた。そして，グルテンフリーパスタという言葉で，小林生麺の米粉麺を表現したほうが良いと思った。また，父親と一緒に行動したので，お互いの距離が近くなった。父親の作る生麺は世界的にすごいことに気が付いたし，自分の近くにアメリカで認められるものがあるということにも気が付いた。ただし，うどんでは市場が小さいので，パスタにしようと思った。当初は玄米パスタにしようとも考えた。（小林宏規）

　小林宏規は主にハワイのスーパーやホテルへ飛び込みにて，小林生麺の米粉麺や玄米パスタの試食販売を開始している。小林生麺はグルテンフリーの麺の開発に傾注するようになる。アメリカで流通しているグルテンフリーパスタのほとんどが乾麺で，粒度も大きく，もちもち感がなかった。小林生麺では米粉商品開発研究会での活動も踏まえながら，グルテンであるつなぎとしての小麦を完全に排除し，米粉のみを原料として，通常の製麺法により生麺を製造する方法を開発する。加えて，米粉の粒度を小さくすることで，グルテンフリーでもグルテンを使ったときと同じ食感を再現したのである。

小林生麺は，先述したように「米粉麺の製造方法」として当該製造方法を2011年4月に特許出願し，2012年9月に特許取得する。そして，2015年にはアメリカにおいても，グルテンフリー製造に関する特許出願を行っている。これ以外にも，2015年GFCO認証取得（アメリカグルテンフリー協会），2015年グルテンフリーマイスター商標登録（日本，米国），2016年ハラル認証取得（イスラム教が禁じているものを含まない食品等）を行っている[14]。2019年には「グルテンフリー麺の製造方法」でも国内特許を取得している。

　また，グルテンフリーパスタはフィットチーネのような幅広のタイプに形状を変更した。そして，それに合わせるソースとして，日本独特の和風つゆではなく，アメリカ人が好むようにバジルソースやアンチョビソースを組み合せるようにもなった[15]。

　2013年6月にはデイリーダイニングのハワイ第1号店として，ハワイのアラモアナセンターの白木屋・屋台村に，God Motherという和風パスタの屋台を開店する。そして，そこでグルテンフリーパスタの提供を開始している。

> 　自分にとっては，父親の生麺をアメリカ市場で売るのは家族に対する恩返しの1つである。ただし，小林生麺ではアメリカ市場の開拓の予算などなかった。自分は父親の生麺を世界一にしたいので，デイリーダイニングの商品としてハワイに持って行くことで，売ればよいと考えた。そうすれば，デイリーダイニングの組織の目標もかなえられると考えた。その過程で，デイリーダイニングで雇用した米国在住経験がある従業員2名が小林生麺に海外営業担当として移籍したりもした。（小林宏規）

　だが，小林生麺が苦労して見出したグルテンフリーパスタも，当初は日本の商社には相手にされなかった。日本商社は日本の文化は熟知しているが，グルテンフリーの商品には理解がなかったのである。そのため，アメリカの現地商社と取引する必要があると考えた。しかし，現地の商社とは価格の折り合いをつけるのは難しかった。日本で生産し，輸出するとなると，輸送費がかかるし，円高の問題もあった。また，顧客が定まっていないので，大量生産による価格

低減もできない。さらに，ハワイやロサンゼルスの流通業者やスーパーの調達担当者が興味を持ってくれたのだが，1週間で40フィート・コンテナ5本分のグルテンフリーパスタを生産することが必要であるといった話にもなってしまった。

　こうした中で，小林宏規はインターネットを通じて，アメリカのエンドユーザーに直接販売することを試みる。そして，ハワイで知り合ったロサンゼルス在住の日本人女性に，商社として，当該業務の管理業務をまかせることにした。

　2014年には自社のグルテンフリーパスタを，アメリカでOEM生産してもらうことを考えた。そのパートナーを見つけるため，小林宏規はサンフランシスコのFancy Food Showに赴く。そして，ロサンゼルスに拠点を置くアメリカ企業J社をパートナーにした。小林生麺は製麺企業であるJ社に米粉の原料を供給し，上記の日本人女性はJ社にコンサルティングを行う。J社は小林生麺に原料費と指導料を支払い，日本人女性にコンサルティング料金を支払うのである。そして，J社はグルテンフリーパスタを製造して，アメリカの顧客に販売する。

　ある投資会社が小林生麺に対して，アメリカでの生産拠点の構築とそれに伴う投資の話をもちかけたことがあった。これに対し，小林宏規は，

　　グルテンフリーヌードルのアメリカ市場開拓に関して，リスクをとって，大きな損害が発生するような状況をつくり出したくない。投資を受けると，金銭面での回収をすべて自身の責任でやらなければいけなくなる。それよりも，自分はリスクをなるべくとらずに，小林生麺のグルテンフリーパスタが少しでも早くアメリカ市場を開拓する方法を選びたかった。特に親父が現役中に，それが成し遂げられる方法が良かった。小林生麺に迷惑をかけたくないし，何かあったら，自分では責任をとれない。（小林宏規）

と述べている。さらに，小林生麺とデイリーダイニングを比較して，以下のように述べている。

自分は小林生麺の米国市場開拓を手掛ける。一方，デイリーダイニングのハワイ支店は別会社にして，他者にまかせた。彼らにやりたいようにやってもらいたいと考えている。もし，赤字が生じたら，そこを埋めるのが自分の仕事だと考えている。そういった意味では，デイリーダイニングは自分の子供のような存在である。（小林宏規）

　　デイリーダイニングは自分の子供みたいな存在であり，自分が家族を作ったと考えている。自分の育った環境を経験してほしいと，毎回2〜3人をアメリカに研修に連れていったりしている。また，とにかく組織を構築してきた。最近では従業員から管理職を3人選んだ。デイリーダイニングは彼らの会社なのだから，彼らが自分で大きくしていくことが必要だと考えている。自分は必要なときに目をかけるだけである。小林生麺に対しては，親父の会社に『お邪魔している』『引っ越してきた』という感覚があるし，元々，誰も自分が継ぐとは思っていなかった。そのため，まずはとにかく経験している。とにかく海外営業を自分の仕事として捉え，従業員の方たちに自分の背中を見せたいと考えている。今では小林生麺7，デイリーダイニング3くらいの意識で時間を使っている。（小林宏規）

4　SEWの発見・評価と海外市場参入プロセス

　前節で示した小林宏規によるデイリーダイニングの起業と小林生麺の承継，海外市場参入に至る一連の出来事を，SEWを視点としながら整理する。小林生麺は現在進行形で国際化しているため，そこに介在する小林宏規の思考や行動を詳細に抽出可能である。加えて，小林宏規はデイリーダイニングを起業し，小林生麺を事業承継したことで2社を同時に所有し，経営するポートフォリオ・アントレプレナーとして捉えられる。

　まず，デイリーダイニングの起業および小林生麺の海外市場参入には，小林宏規のアメリカ，オーストラリアへの留学といった国際経験が色濃く関わっている。その出発点は「米国に自分の日本食レストランを出したい」という想い

である。その想いを実現するために料理人としての修行を選択したり，デイリーダイニングを起業したりすることになった。デイリーダイニングの起業後，小林宏規は料理人として，また経営者として，小林生麺の製品価値に気が付くことになる。加えて，米粉麺など小林生麺の製品には地域が深く介在していることも，見て取ることができる。「父親が製麺技術を改善し続けている」「他の製麺会社にはないようなサービスを提供している」ことを，デイリーダイニングの経営者としての視点から認識するようになったのである。

　これまでの研究の文脈で言えば，小林宏規はデイリーダイニングの起業と所有・経営の経験から，食品業や製麺業，そして，小林生麺と地域との関わりに関する知識を拡充させた。その結果，父親および小林生麺の製麺技術を認識し，その歴史や伝統，地域との関わりから生み出された米粉麺などの価値を発見し，評価できるようになった。

　たとえば，「小林生麺が閉店したり，売却されたら，誰が岐阜県の中華料理店に生麺を作ったり，自分の会社にブラックペッパー・パスタ用の生パスタを作るんだ」といった言葉が，そうした想いを端的に表している。その結果，家族に対する愛や小林生麺に対する強い感情的結びつきといったSEWの存在と増加を強く認識するようになったのである。

　その延長線上に，小林宏規は小林生麺の事業承継を決断する。すなわち，ポートフォリオ・アントレプレナーとして存立したのである。SEWの増強に突き動かされ，自社の伝統や歴史をより良いものにするため，小林生麺に新たな事業を生み出そうとする。

　まず，「おやじパスタ＆むすこソース」といった企画などから，父親の麺を売り出すことに傾注するようになる。そして，「アメリカに親父を連れていきたい」「親父の作ったものを広めていこう」「自分が親父を世界一にしてやる」「小林生麺の従業員の方々も，自分達で作った麺を海外に行って売ることで，自身を誇りに思える」といったSEWの増加に連なる想いの下，小林生麺による海外市場参入を企図するようになる。

　試行錯誤をする中で，小林宏規は父親の作った米粉麺に「グルテンフリー」

という新たな価値を見出し，アメリカ市場への参入を実現する。さらに，麺を
フィットチーネのような形状に変更し，アメリカ人が好むようにバジルソース
やアンチョビソースを組み合せるなど，アメリカ市場向けの製品開発も行って
いる。すなわち，「日本の麺を，日常的に麺を食している外国人に受け入れて
もらうためにはどうすればよいのか」といった問いに対し，米粉麺という特質
を生かした「グルテンフリー」による差別化といった解答を提示したのである。

　加えて，ポートフォリオ・アントレプレナーである小林宏規はデイリーダイ
ニングから，小林生麺に対して経営資源の移転を行い，海外市場参入とSEW
の増加を図っている。デイリーダイニングの海外店舗で小林生麺の麺を販売し
たり，米国在住経験がある従業員２名が小林生麺に海外営業担当として移籍し
たりしたといったことが代表例である。また，現在，小林宏規は小林生麺の海
外市場参入により傾注している。

　なお，小林生麺はアメリカでの生産拠点の設立を選択せずに，Ｊ社に対する
OEM生産のライセンス供与と原料の販売を選択した。小林宏規は利益ではな
く，リスク低減を重視した上での速やかなアメリカ市場開拓を優先したのであ
る。ここにも，「小林生麺に迷惑をかけたくない」「親父が現役中に，（アメリ
カ市場開拓を）成し遂げられる方法が良かった」といったSEWの保持と増加
に連なる想いが介在していることが見て取れる。

　加えて，小林生麺は中部経済産業局「平成25年度 小規模事業者活性化補助
金」や岐阜県産業経済振興センター「平成27年度 第１回 岐阜県農商工連携
ファンド事業費助成金」といった公的機関からの補助金・助成金を獲得してい
る。これは小林生麺のSEWの増加と重なり合うかたちで，地域における評判
が向上した成果だとも言える。

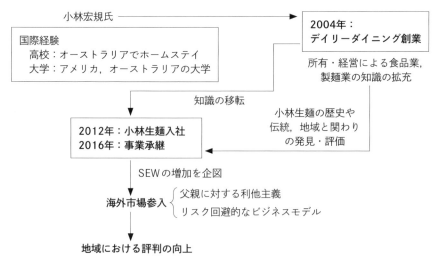

5　おわりに

　本章では，中小ファミリービジネスである小林生麺の海外市場参入事例を，SEWの視点から，整理・描写することを試みた。SEWの観点に基づいて小林宏規の企業家活動と小林生麺の海外市場参入の経緯をまとめると，以下のようになる（**図表6-6**参照）。① 小林宏規は留学の経験から，国際経験を有していた，② その後，デイリーダイニングを起業し，所有・経営することで，食品業や製麺業の知識を拡充させた，③ 小林生麺の歴史や伝統を評価するようになり，事業承継を企図した，④ そして，小林生麺の海外市場参入をSEWの増加に重ね合わせながら進展させた，のである。また，小林生麺の海外市場参入プロセスには，⑤ 小林宏規の父親に対する利他主義が介在している，さらに⑥ SEWと関連するかたちで，海外市場参入に関するリスク回避的なビジネスモデルが選択されている，といったことが特筆される。すなわち，経営者の国

際経験や国際志向，ポートフォリオ・アントレプレナーとしての知識を下敷き
にして，既存研究の大勢とは逆に，国際化・海外市場参入とSEWの増加を両
立したことが示されたのである。

　また，小林宏規はデイリーダイニングを起業した後に，小林生麺を事業承継
している。その上で，SEWを増強させるために，小林生麺に関して，海外輸
出など新たな事業を生み出すことを志向するようになった。すなわち，ポート
フォリオ・アントレプレナーとして，起業の経験を下敷きに，父親が紡いでき
た小林生麺の伝統や歴史をより良いものにしようと，海外輸出に踏み込んだの
だと言える。その結果，小林生麺ではグルテンフリーヌードルなど麺の差別
化・開発も手掛けている。

　日本では，中小企業の海外市場プロセスに関する研究はいまだ少ないのが現
状である。また，SEWの議論と中小企業の国際化・海外市場参入の議論を組
み合わせた研究は全く見当たらない。さらに，既存研究の対象として，食品産
業は度々取り上げられているもの，日本酒や味噌，こんにゃくといった日本独
特の品目に大きく偏っている。製麺業の海外市場参入プロセスの事例研究はこ
れまで皆無だった。そのため，本章において，小林生麺の事例をSEWの視点
から記述し，整理したことは，意義あることと言えよう。

注

1　本研究は科学研究費補助金　若手B（16K17176）「中小・小規模企業の国際的アントレ
　　プレナーシップと地域公的機関活用モデル」（研究代表者 山本聡）および基盤C
　　（19K01872）「中小企業の海外市場参入プロセスにおける従業員の企業家行動の促進・
　　阻害要因と自律性」（研究代表者 山本聡）の支援を受けている。
2　生麺類業界の現状（https://www.zenmenren.or.jp/gaiyo/01_3.html）
3　McClatchey, C（2011）How pasta became the world's favourite food, BBC NEWS
　　（https://www.bbc.com/news/magazine-13760559）
4　山田・江島編（2017）では，それぞれ「初心者型企業家」「実践経験型企業家」で統一
　　されている。
5　インタビューは，2017年10月19日（小林宏規），2018年3月22日（小林宏規），2018年5

月20日（小林宏規），2018年 7 月17〜18日（岐阜県庁 関係者），2019年 2 月26日（小林
宏規）の合計 5 回実施された。括弧内はインタビュー相手である。

6　グルテンフリーに関する説明は，小林生麺提供資料を参照・抜粋している。

7　採択事業名は「飛騨荘川の有機肥料栽培ほうれん草を岐阜県産小麦粉に練り込んだ『飛
水麺』の製造・販売」（平成26〜27年度）。

8　「岐阜県公式ホームページ：ぎふの米のご紹介」2019年 9 月30日閲覧。
（https://www.pref.gifu.lg.jp/sangyo/nogyo/nosanbutsu/11423/gifukome.html）

9　「岐阜県農業の動き」2019年 9 月30日閲覧。
（https://www.pref.gifu.lg.jp/sangyo/nogyo/horei/11411/index_11135.data/
nogyonougoki2019.pdf）

10　「中部発きらり企業紹介　Vol.109」2019年 9 月30日閲覧。
（https://www.chubu.meti.go.jp/koho/kigyo/109_lake/index.html）

11　「岐阜県公式ホームページ：米粉 過去の活動」2019年 9 月30日閲覧。
（https://www.pref.gifu.lg.jp/sangyo/nogyo/nosanbutsu/11423/kakokomeko-
kakonokatudou.html）

12　特許5021823　2019年 9 月30日閲覧。
（https://www7.j-platpat.inpit.go.jp/tjk/tokujitsu/tjkt/TJKT_GM301_Detailed.action）

13　小林宏規は帰国の飛行機の機内誌で，自身が見習いに通ったレストランが 5 つ星だった
ことを知ったと述べている。

14　「食品産業新聞webnews」2019年 9 月30日閲覧。
（https://www.ssnp.co.jp/news/noodles/2017/12/2017-1218-1642-16.html）

15　信金中央金庫 New York 駐在員事務所「New York コラム第23－ 3 号」2019年 9 月30日
閲覧。
（https://scbri.jp/HTMLcolumnNY/23/23-3.pdf）

（山本　聡）

ファミリー
アントレプレナーシップと
地域創生

1 はじめに

　高い経営成果をあげる中堅・中小企業は，どのような経営を実践しているの
だろうか。この問いに対して，関西生産性本部による先駆的な調査は，日米で
経営品質賞を受賞した中堅・中小企業7社の事例分析をもとに興味深い特徴を
見出している。利益を上げ続ける中堅・中小企業の経営は，環境の変化に対し
て新しい価値を創造し続けており，①規模は小さくても大きな夢を描いている，
②他者の気づかない領域に目をつけている，③独自のプロセスを構築している，
④実践を通じ組織の学習能力を高めている，⑤小さなことを徹底する風土をつ
くっている，という5つの特徴を持っていたのである。

　成果をあげ続ける中小企業は，経営者の理念と日常の実践をもとに新しい価
値を創造し，それを明確な形で顧客に提供していると言っていい[1]。このよう
に，中小企業が環境の変化に対して新しい価値を創造して存続するには，経営
者のアントレプレナーシップ（企業家活動）による新機軸の活動が求められる
はずであり，その中小企業の主流は，ファミリービジネスである。

本書では，社会情緒的資産理論の視点から，ファミリービジネスの存続と新たな事業展開について様々な事例を取り上げて分析した。具体的には，福島県の大和川酒造店（第2章），岡山県の横山製網（第3章），富山県の能作（第4章），佐賀県の百田陶園（第5章），岐阜県の小林生麺（第6章）の事例を対象にして，ファミリービジネスとしての長期にわたる存続を可能にした経営の特徴をもとに，社会情緒的資産とファミリーアントレプレナーシップとの関連性について考察し，理論的ならびに実践的な示唆を得ようと試みたのである。

　5社いずれの事例にも共通する点は，創業した地域を一貫して拠点として長く事業を営み，地域のステークホルダーとの関係を重視して，新機軸の商品開発や新事業の展開に成功したことである。1つの地域に根ざして長く存続できた理由は，ファミリービジネスの経営が，単に経済的なインセンティブだけではなく，地域の核となる企業として負う社会的な責任に裏打ちされたものであり，それこそが社会情緒的資産の形成と保持に密接な関係を持っていたことによると考えられるのではないだろうか。決して自社だけが利益をあげて生き残ればよいという認識ではないのである。

　本書の事例分析からは，社会情緒的資産を保持して地域に根ざす企業としての責任を果たしつつ，ファミリーアントレプレナーシップを発揮して地域活性化の先導的な役割を果たすという中小ファミリービジネスの経営特性を見出すことができる。

　次に，第2章から第6章までの各章の事例分析から，ファミリービジネスによる顧客価値の創造において，社会情緒的資産の保持がいかなる企業家活動や経営の仕組みに反映されたのかに関して，何が明らかにされたのかを簡潔に整理しておこう。

2 世代を跨ぐファミリーアントレプレナーシップ

(1) 事業承継と社会企業家活動

　まず，第2章では，福島県の大和川酒造店の事例を取り上げて，「なぜ大和川酒造店の九代目当主は地元に根ざした酒造りを行いつつ，本業と関連のない自然エネルギー会社を立ち上げたのか」という問いを立て，社会情緒的資産理論と社会企業家（社会的問題の解決に向けて経営の仕組みを整備し，革新的な方策を実践する企業家）概念をもとに分析している。

　大和川酒造店は，創業家当主が代々佐藤彌右衛門を襲名して経営する清酒製造・販売業であり，1790年の創業から230年に及ぶ歴史を持つ老舗企業である。明治期半ばには，六代目当主が喜多方地域の酒造組合の組合長を務め，続く七代目当主は30年間にわたり組合長を務めただけでなく，第二次大戦後には地域の有力者として公職追放になるほど，地域の酒造業振興と利害関係の調整を担ってきた歴史がある。歴代当主は老舗の経営者として酒造業を営むとともに，地域社会の基盤づくりに貢献して地域との密接な関係を築いてきたのである。

　先代の八代目当主は，喜多方の街並保存に注力し，「蔵の街・喜多方」を全国に発信することに腐心した。現当主の九代目は，七代目とともに中興の祖とされる。だが，それは酒税法の改正に伴う日本酒級別制度の廃止，若年層の日本酒離れという経営環境の変化に適応して事業を存続させてきたことや，伝統的な酒造りを担う杜氏制度の廃止，自社による製造工程の内製化・機械化の断行，農業と醸造の一体化を目指した農業法人の設立という老舗の経営者としての革新的活動だけによるのではない。東日本大震災という未曾有の自然災害に対して，クリーンエネルギーによる地域での電源確保とエネルギーの地産地消を目的として，会津電力株式会社を設立するというビジネス・ベンチャリング，すなわち喜多方地域の米と水を育む土地の保全と震災からの復興という社会基盤の整備につながる事業創造に取り組んだことが，最も特徴的なファミリーア

ントレプレナーシップであると言える。

　このことは，会津電力が太陽光発電を中心に福島県内に約70カ所の発電所を設置するまでに至り，水力発電にも注力して地域密着の分散型発電と再生エネルギーによる電源の多様化の核としての存在感を高めても，大和川酒造店との資本関係はなく，出資形態も地元の行政や市民ファンドなどの多様な利害関係者を取り込んでいることからもわかる。

　これまでの研究が示唆するように，ファミリービジネスは，世代間で共通の夢や理念を追求しやすい[2]。だが，地域に社会的な貢献をしようとする理念に基づく事業活動は，地域での名声や評判を形成できるが，そうした名声や評判は経営者の交代とともに失われることも珍しくない。事業の存続を通じて地域で信用を築き上げたファミリービジネスは，世代を跨いだ経営の継承によって，信頼という経営資源にまで高めることができる。第2章で指摘されたような現経営者に対する牽制と規律づけの効果は，地域における信頼という経営資源の維持がインセンティブになっていると言っていい。

　第2章の事例研究は，大和川酒造店のファミリーアントレプレナーシップを社会企業家としての役割に注目して考察し，「地域の利益に資する行動は，長期的に自社の競争優位性を持つことにつながり，自社ブランドを構築することに貢献する。また，後継世代も先代世代と同様に地元資源の恩恵を受けることができる。そのため，短期的には本業の利益を犠牲にしても，長期的に将来世代の恩恵を確保できるのであれば，自然エネルギー会社を設立するような経営行動が正当化される」ことを主張する。

(2)　オンリーワン型ファミリービジネスの地域性

　第3章では，岡山県の横山製網の事例を取り上げ，リソース・ベースト・ビューのVRIOフレームワークに依拠して競争優位性を考察し，オンリーワン型中小ファミリービジネスとしての存続と社会情緒的資産との関係，とりわけオンリーワン型の社会情緒的資産とファミリーアントレプレナーシップの関連性が，経営成果にいかなる影響を与えるのかについての分析を試みている。

横山製網は，漁網（刺網，巻網，定置網，曳き網）とスポーツ・産業用各種ネットを製造販売するオンリーワン型中小企業（1つのセグメントにおいてトップシェアを有する企業）である。横山製網は，岡山県邑久郡邑久町虫明で海産物問屋を営む横山幾太が，1920年に製網機2台で操業を開始して以来，代々創業家から経営者を輩出し，四代目の現社長横山敬弘まで事業承継して世代を跨ぐ経営活動を継続している。岡山県の機械編み漁網業者4社のうち，唯一の同族所有，同族経営である長子承継ファミリービジネスであり，有結節沿岸用漁網のオンリーワン型企業として安定した経営を続け，国内シェアトップの地位を占めるまでに至っている。

　第2次大戦後の1948年には個人事業から有限会社横山製網所に組織変更するが，1952年にクラレ製ビニロンを材料とするクレモナ・ナイロン漁網の製造に着手したことが契機となってリング撚糸工場を新設し，1961年には横山製網株式会社となった。同社は漁網製造とその加工機械をメーカーと共同開発して機械設備を増強し，自社一貫生産体制によって品質の高さと納期の厳守を実現し，漁網需要者の支持を得て発展した。公的機関や財団からの認定や受賞も多い。ファミリービジネスとしての存続と経営の安定に中心的な役割を果たしたのは，1975年に関東の大手地方銀行を退職して入社し，先代社長を補佐して1995年から三代目社長に就いた横山信昭である。

　横山製網は，オーダーメイド型差別化製品の分野を選択しており，同社の漁網は取引のある全国の漁業者についてすべてオーダーメイドである。その背後には，長期的な取引関係を構築し，顧客満足を第一にして自らの事業を発展させるというファミリービジネスとしての存続戦略がある。漁網業界は新規参入がなく，公害防止のため新規の漁網染色施設の設置はできないという規制が，顧客との長期的取引関係の維持とともに，地域のステークホルダーとの関係を制御する要因となっている。

　これら業界の特徴は，同社の事業活動にとって有利に働いた点であるが，同時に横山製網は，岡山県を代表する漁網製造企業であるとはいえ，戦後に道路が整備されてトラック輸送に切り替わるまで，まさしく陸の孤島と呼びうる地

域でアントレプレナーシップを発揮して創業し，そこを一貫して拠点にしてきた。このことが，同社の社会情緒的資産の形成と，地域のステークホルダーとの関係の構築に強く影響していることは否めない。

公害のリスクや機械の騒音の発生などを考えると，拠点を構える地域の理解なくして事業は成り立たない。同社の製品は，環境に優しい網として農業用，漁業用，園芸用などで利用されることを目指している。横山製網は，かつては地域の雇用に大きく貢献していたが，それもない現在では，地域における社員の日常の立ち居振る舞いに留意し，地域の社会的活動にも意図的に参加して，地域重視という意識の組織的な形成に努めている。経営に関する非経済的な側面，とりわけ地域社会との良好な関係の維持に腐心することが鍵となっているのである。遊休地を活用した太陽光発電設備などの自然環境に配慮した活動も，長期的な視点から地域社会に貢献する活動とみなせるだろう。

オンリーワン型のファミリービジネスは，地場産業を構成する企業以上に地域でモニタリングされ，それゆえに自制を求められる。このことは，ファミリービジネスとして長期の存続を図るために，ステークホルダーとの関係構築と地域の社会的活動に対する強いコミットメントにつながる。オンリーワン型のファミリービジネスが環境変化に適応するためには，自社の事業の意義や強みを問い直し，強みの取捨選択をしてどのような新しい価値を創造することで時代に合った経営を行うかについて，先代の経営者と現経営者が創業の理念に立ち返って議論し，世代間で十分共有する必要があることがわかる。

(3)　伝統企業の地域に根ざした再創業

第4章では，富山県の能作を取り上げ，社会情緒的資産理論と経営革新の視点から，地域に根付いたファミリービジネスが実践する，事業のリニューアル（再創業）とそのプロセスにおけるファミリーアントレプレナーシップを分析している。

能作は，1916年に初代の創業者，能作兼次郎が，富山県高岡市の自宅の一角に設けた作業場で青銅製の仏具製造を行う鋳物屋としてスタートした。第二次

大戦後には，二代目社長能作春一がアルミ製の鍋や釜といった日用雑貨品の製造で家業を守り，昭和の高度経済成長期には，活気を取り戻した高岡銅器産地の需要拡大に応じて受注を増やしていった。豊かさの進展とともに人々のニーズが変化していく中で，新たな商品開発の必要性に迫られた能作春一は，後に三代目社長となる能作佳伸を長女の婿に迎える。

多摩美術大学日本画科を卒業して美術教師をしていた経験を持つ能作佳伸は，持ち前の美的センスを遺憾なく発揮し，モダンなデザインの花瓶をヒットさせ，業容を広げていった。しかし，石油危機以降の経済不況や，生活様式の変化による影響などにより，第一次石油危機前には30人近い職人を擁していた同社は，現社長で四代目の能作克治が入社した1984年には10人足らずの規模にまで縮小し，鋳物の生地を製造して問屋に渡す，一介の生地屋に甘んじる状況が続いていた。

大阪芸術大学出身で，新聞社のカメラマンとして働いていた能作克治は，1984年27歳の時に婿養子として入社，四代目社長に就任するまで職人として現場で働いた。その間，「自分たちが作った生地がどんな最終商品となって誰にどのように使用されているのか，そのお客様の顔が見たい」と思うようになり，「いつかは自社独自の商品を開発したい」という願望を抱くようになった。

生地屋の下請けから脱皮して企画・開発，製造の一貫生産を行うメーカーになるきっかけとなったのは，2001年に原宿のギャラリーで開いた展示会である。展示会用に急きょ開発した初のオリジナル商品ともいうべき真鍮製の卓上ベルはほとんど売れなかったものの，真鍮製ベルの澄み切った音色とそのスタイリッシュなデザインから，「風鈴にしたら絶対に売れる」と勧めてくれた女性店員の声を取り入れて開発した風鈴が大ヒットし，「デザイン風鈴」という新しいマーケットを創り出す。その後，純度100％の錫の食器，曲がる器の「KAGOシリーズ」を成功させ，それまで日本にはなかった金属食器のマーケットを生み出した。

このように，能作克治のアントレプレナーシップが牽引して進められた事業のリニューアルにより，仏具や伝統工芸品の生地屋から，現在はテーブルウェ

アやインテリア雑貨の他，医療機器，ブライダルの分野まで手掛け，事業内容が劇的に変化した。下請け企業の生地屋であった能作は，自社オリジナル商品を開発，製造，販売するメーカーへと革新を遂げ，高岡銅器産地を代表するリーディングカンパニーとなったのである。

　四代目社長能作克治は，事業のリニューアルを展開していく中で，自社の経済的な利益だけではなく，地域の利益を重視する取り組みを多く行ってきた。その代表的なものは，高岡銅器産業の伝統技術を人々に見てもらうために実施している工場見学である。採算としてはマイナスになることがあっても，「地域伝統産業のすばらしさと職人技の魅力を伝えたい」という思いから，「産業観光部」という組織を新設して見学者に対応している。現在，能作の見学コースは，県外からの見学者が4割を占め，年間12万人が訪れる産業観光スポットとなっている。工場見学は，自社宣伝の効果もあるが，地域に対するCSR（Corporate Social Responsibility）活動として，高岡銅器産地のブランドの向上に大きく寄与している。

　また，地域の鋳物メーカーに自社開発の技術を提供したり，他社に率先して海外展開することによって地域企業の海外進出を手助けしたり，地元職人とのコラボレーションによる新たなブランド「能作プレステージ」を立ち上げ，東京に直営店を設けることで産地を盛り上げるなど，地域への貢献に努めてきた。「高岡がなければ，ウチも生きていけない」と強調する能作克治の言葉には，地域に根ざして事業を営んできたファミリービジネスの経営特性が現れている。

　第4章の事例研究は，「中小ファミリービジネスが実践する事業のリニューアルに必要な経営革新は，地域との深い関わりの中から生み出される」とし，「地域への貢献活動から得られる社会的評判や正当性が，長期的には自己の経済的利益につながる可能性が高い」ことを主張する。

(4) オープン・イノベーションによる新機軸と産地の存続

　第5章では，佐賀県の百田陶園を取り上げ，伝統的な陶磁器産地で窯元の時代から根付く卸売商社が主導して異なる分野や海外の事業者と連携し，共同で

商品開発した事例をもとに社会情緒的資産理論とオープン・イノベーションの視点から，ファミリーアントレプレナーシップと産地の存続との関係について分析を試みている。

　有田では，江戸期から産地に根付く分業制（採石・陶石からの陶土作り・型作り・生地作り・窯元・産地商社）の下で，多くの中小ファミリービジネスの陶業者が長く存続している。色絵磁器の産地として国内外で高い評判を得た有田は，第二次大戦後には，日本各地の温泉旅館やホテル，料亭などを主要顧客とする業務用割烹食器の分野，接待のお土産物や結婚式の引き出物で大きな成功を収めた。

　しかし，バブル経済崩壊後に主力商品の業務用食器の売上が低迷し，産地の経済が悪化するという経営環境の変化に対して，多くの陶業者は，一般消費者向け食器の製造，特に家庭向けの食器に対してこれまで以上に目を向けるようになる。その新しい一般用食器開発プロジェクトを主導したのは，歴史的な経緯から明治維新後の産地再生の核となってきた，香蘭社や深川製磁という量産型の大規模な陶業者や，柿右衛門窯，今右衛門窯，およびこの2つの窯とともに「有田の三右衛門」と称される源右衛門窯のような産地の伝統的な様式の正当な継承者である中枢の陶業者ではない。

　「究極のラーメン鉢」「有田HOUEN」「匠の蔵」という新しい商品開発は，産地外部の情報や知識を意図的に活用し，それまでの有田での焼き物づくりの慣行に囚われていない。これらのプロジェクトは，産地の分業制の下で存続してきた中小陶業者のアントレプレナーシップによって生まれたのである。

　事例研究で焦点を合わせた象徴的な新商品開発は，「1616/」「2016/」シリーズという一般消費者向け食器の開発プロジェクトであり，国内の異業種で活躍したプロダクトデザイナーとオランダのデザインスタジオとの共同開発プロジェクトとして立ち上がった。これらの共同開発プロジェクトでは，有田には歴史と伝統，ならびに分業制で蓄積された高い技術があると評価した外部のデザイナーたちとともに，産地の生産者と商社が，伝統的な様式の有田焼をゼロベースで見直し，現代の生活様式に合う新しい有田焼ブランドを考えることを

基軸に据えた。その結果，色絵磁器の産地としての歴史と名声がある有田で，従来の感性による割烹食器，花瓶，壺，飾り大皿などではなく，洋食器をベースとして「日常のパンケーキを食べるためのお皿」をデザインし，コストの高い絵付けではなく色で顧客ニーズに応える方針を戦略的に選択したのである。

これらの新シリーズは，早い段階で国際的な見本市へ出品して高い評価を得て，海外市場へ積極的に展開している。有田の伝統的な分業制で培われた技術と専門知識を基盤とし，国内外のデザイナーと協働した伝統に囚われない商品開発によってリスクを取り，メイドイン有田というアイデンティティを確立して，新たな産地ブランドの構築を図ったのである。

新機軸プロジェクトの戦略的決定で中心的役割を果たしたのは，産地商社百田陶園三代目社長の百田憲由である。「匠の蔵」シリーズも手がけた百田社長は，江戸期に佐賀藩から窯焼名代札を交付された松尾窯から明治期に養子を迎えた系譜を持ち，祖父の卓治の代から産地商社に転じた歴史がある。百田陶園のルーツといえる松尾窯は，新機軸を試みる先駆的な窯元として有田で一目置かれ，国内外の博覧会や品評会へ積極的に出品して受賞するとともに，産地の人材育成にも貢献した土着性の強い窯元であった。

江戸期からの系譜を持って産地に根付く百田陶園は，産地の中枢の陶業者とは言えないが，有田土着のファミリービジネスで代を重ねた陶業者としての正当性を持ち，事業活動の基礎には自らの事業と産地の存続を表裏一体に考える認識がある。この認識は，有田産地で長く存続してきたファミリービジネスに共通する認識でもある。オープン・イノベーションによる新機軸の商品開発プロジェクトは，こうした共通認識を基盤としてファミリーアントレプレナーシップを発揮した戦略的決定によって進められたのである。

第5章の事例研究は，「地場産業のファミリービジネスは，地域における社会的な認知や地域の中での融和などの社会的動機という非財務的な効用を経済的合理性よりも優先するという前提に立ったアイデンティティを形成する」とし，「地域で代々事業を承継してきた土着性の強いファミリービジネスの企業家が，自己の利益や経営資源の獲得だけではなく，産地の中での社会的な正当

性を動機とし，それを優先して自らの事業と産地の存続を表裏一体として行動する可能性は決して低くはない」ことを主張する。

(5) ボーン・グローバルビジネスの創造

　第6章では，岐阜県の小林生麺の事例を対象に，中小ファミリービジネスの食品企業が「海外市場に参入するに際し，企業と家族の歴史がどのように関わっているのか，経営者が何をどのように考えたのか」について，社会情緒的資産理論の視点から説明を試み，ボーン・グローバル企業（起業後すぐに直接輸出を開始する中小企業）と，ボーン・アゲイン・グローバル企業（長らく国内市場だけで活動していたが，突然，直接輸出などで国際化する中小企業），ならびにポートフォリオ・アントレプレナー（自身が創業した企業を保持しながら，新たに異なる企業を創業したり，買収したりして，所有・経営する企業家）の概念に依拠してファミリーアントレプレナーシップを分析している。

　小林生麺は1947年に創業し，現在は岐阜県製麺協同組合に属する製麺企業である。家族で70％の株式を所有する典型的な同族所有・同族経営の企業であり，三代目の現社長小林宏規は2016年に就任している。創業者で初代社長の小林雄夫は，北海道余市町出身で第二次大戦後に岐阜市に居を構えた。その意味では，地場出身の経営者ではないが，事業を承継した二代目，三代目が岐阜を拠点に事業展開する中で地域に根ざす企業となったのである。

　新機軸への取り組みも積極的であった。二代目社長小林俊夫は，2003年以来「米粉麺の製造方法（主原料粉として米粉のみを使用するにもかかわらず，従来の一般製麺法により米粉麺の製造を行うことができる製造方法）」の開発に取り組み，その特許を2011年4月に出願して翌年9月に取得するに至った。

　小林俊夫は，岐阜市内および周辺地域を対象とした岐阜東ロータリークラブの活動にも積極的に関わり，2004年から2005年に幹事，2012年から2013年には会長を務めた。それ以外にも，地元の中学校のPTA会長なども務めている。岐阜県内外で米粉麺の開発・製造・販売のリーダーの1人と目されるだけではなく，地域の名士としての顔も有している。

小林宏規は，高校時代にアメリカ，オーストラリアでのホームステイの経験を持ち，海外で日本食レストランに対する認識を新たにする。社長就任前の2004年には，アントレプレナーシップを発揮して，株式を100％所有するデイリーダイニング社を創業し，グルテンフリーヌードルのアメリカ，欧州への輸出という海外展開を行った。小林生麺は，2010年から2011年には，農林水産省の「海外ビジネスネットワーク構築事業」に選定され，2010年と2011年2月28日から3月2日に開催された，International Restaurant & Foodservice Show of New Yorkの日本パビリオンに出展した。海外展開を手掛ける中で，先代社長小林俊夫の作る麺の価値を改めて認識するようになり，自身の日本食レストランのアメリカ出店の夢と，先代社長の麺の価値に対する評価をつなぎ合わせるようになる。

　こうした一連の活動とともに，小林生麺は，先述した米粉麺の製造方法の特許取得，2015年のグルテンフリー製造に関する特許出願（米国），GFCO認証取得（アメリカグルテンフリー協会），およびグルテンフリーマイスター商標登録（日本，米国），2016年ハラル認証取得などを戦略的に選択し，地域拠点のグローバル企業としての姿を確立していくのである。デイリーダイニング社の創業や海外市場への参入には，小林宏規社長のアメリカ，オーストラリアにおける国際経験が大きく影響しており，それは先代社長による不断の製麺技術の改善や家族愛，小林生麺への強い感情的結びつきというファミリーであるがゆえの情緒的資産を基盤としたファミリーアントレプレナーシップの発揮によるリスクを取った戦略的決定でもあった。

　小林生麺は，アメリカでの生産拠点の設立を選択せずにOEM生産のライセンス供与と原料の販売を選択し，小林宏規社長は利益至上主義ではなくリスク低減を重視し，地域拠点の企業ではあるが速やかなアメリカ市場開拓を優先した。第6章の事例研究は，「ファミリービジネスの経営とポートフォリオ・アントレプレナーの概念は，社会情緒的資産を介在させながらリンクしている」ことを念頭に置いて，小林生麺の海外市場参入と社会情緒的資産の増加が重なり合うことで，国際化の駆動力になっており，そこには「小林宏規の父親に対

する利他主義が介在し，社会情緒的資産と関連するかたちで，海外市場参入に
関するリスク回避的なビジネスモデルが選択されている」ことを主張する。

3 ファミリービジネスの社会情緒的資産と地域性

(1) 社会情緒的資産と土着性

　本書では，社会情緒的資産理論の視点から日本のファミリービジネスのアン
トレプレナーシップに関する事例研究を試みた。

　Gomez-Mejia, et al.（2011）の提示した社会情緒的資産の概念モデル（第1
章図表1-2）では，ファミリービジネスは，ファミリーの生来的で断ちがたい
感情的なつながりが，ビジネスの側面に反映されて行動につながることによっ
て，財務的価値の追求だけではない独自の経営特性を持つとされた。具体的に
は，社会情緒的資産の保持や増強が，管理プロセス，戦略的選択，組織的ガバ
ナンス，ステークホルダーとの関係，ビジネス・ベンチャリングの5つの側面
における決定に影響を及ぼし，非ファミリービジネスとは異なる経営特性を生
み出すとしたのである。その概念モデルでは，地域性は，ステークホルダーと
の関係に関連づけられていると考えられるが，社会情緒的資産との関係につい
ては，概念モデルの中で明示的に位置づけられていない。

　しかし，本書のファミリービジネスの事例研究からは，地場産業を構成する
企業であれ，オンリーワン型の企業であれ，一貫して地域を拠点に重代の事業
を営むファミリービジネスが，創業時から世代を跨いで継承してきた理念，基
軸となる技術や技能を保持するとともに，拠点とする地域を核とした長期的な
取引関係と地域社会との関係の中でアントレプレナーシップを発揮し，価値を
創出してきたことは明らかである。ファミリーアントレプレナーシップの背後
にある社会情緒的資産は，地域の風土や習慣を反映した土着性に裏打ちされ，
アイデンティティ，ファミリーの影響力，ファミリーによる支配力として歴史

的に形成され，環境変化に適合する形で保持されてきたのではないだろうか。

　社会情緒的資産の形成や保持には，ファミリービジネスの経営の継承と後継者の育成が深く関わるはずである。重代の事業を承継するファミリービジネスの経営者は，早くから将来の経営者として長期的な視点で育成されて正当性を確立しており，従業員と地域を核とする取引先や金融機関との関係の中で人的ネットワークを構築している。その人的ネットワークを通じて得られた情報や知識は，需要搬入企業（産業集積の外部から外部市場と直接的な関係をもって需要を搬入する企業）や長く取引関係を持つ事業者，従業員との相互作用によって，世代を跨いで更新されることでステークホルダーに信頼が蓄積していくのではないだろうか。

　地域を拠点に長く存続するファミリービジネスは，地域から従業員を雇用した歴史を持ち，また現在も雇用している場合が多い。ステークホルダー，とりわけ従業員の信頼の蓄積こそが，ファミリービジネスとしてのアイデンティティ，影響力，支配力の形成や保持に資する行動を支えていると考えられる。

　社内外の取引関係を通じた信頼の蓄積は，社会情緒的資産としてのファミリービジネスのアイデンティティの確立を支え，ファミリーの影響力を行使する力の源泉となる。ファミリービジネスの社会情緒的資産は，地域密着という土着性と不可分であり，日常の取引活動を通じて地域のステークホルダーに埋め込まれているのである。

　ファミリービジネスは，自己の存続に資する利益の追求を基本とするが，本書の事例研究からは，それは地域との関係を重視して産地や地場産業の活性化につなげるという意味での土着性に基づく。地域や産地の存続こそが自己の存続につながるという認識を共有しており，産地の存亡とは関係なく自分だけが儲かればよい，生き残ればよいという発想ではないことがわかる。

　このことは，第2章から第6章の事例で取り上げたファミリービジネスが，社会情緒的資産としてのアイデンティティやファミリーの影響力を地域との相互作用の中で形成し，その社会情緒的資産を基盤としたファミリーアントレプレナーシップの発揮による事業展開を通じて，地域のシンボリックな存在とし

て存続している歴史的な経緯からも明らかである。

(2)　社会情緒的資産による制御

　ファミリービジネスの形成する社会情緒的資産は，地域社会によるモニタリングとも密接に関わっている。オンリーワン型ファミリービジネスの場合，それは地域における唯一無二の事業者として，活動全般についてより大きな波及効果を持つ可能性がある。

　日本の歴史研究では，老舗企業が伝承する家訓や処世訓などが注目されてきた。こうした創業期の家訓や戒めは，ファミリービジネス内部の構成員へ向けた効果だけではなく，よって立つ地域への効果という視点から改めて考察する必要があるだろう。創業以来の家訓や戒めは，環境変化の中で地域との相互作用において解釈され，独自の戦略性を持った事業活動につながったと見ることができるのである。

　地域社会と密接に関わる社会情緒的資産は，ファミリービジネスにとって強みにも足かせにもなりうるはずだ。地域の支援や支持を得ることで，ファミリービジネスの存在感は大きくなり，従業員の意識やロイヤリティーは高まる。そして，地域によるモニタリングがあるがゆえに，地域での存在感の大きいファミリービジネスほど自制を働かせようとする。

　だが，社会情緒的資産の保持や増強は，事業の存続にデメリットとなる場合もあるはずだ。社会情緒的資産が足かせになってリスクを過剰に回避し，新しい事業展開ができなかった，思い切って新機軸に跳べなかったという場合もあるだろう。社会情緒的資産を保持したい，増強させたいというファミリービジネスの意思決定が，ファミリーの過剰な利益の追求につながり，それがステークホルダーの不利益を生み出すというファミリービジネスの暴走も考えられる。ファミリーが所有と経営の両面で大きな影響力を持ち，チェック機能が働かない独善的な経営に陥ることも珍しくない。創業者一族から後継者を選ぶことに執着し，候補者が限定されて優秀な経営者が選出されないことも考えられる。これらのことは，ファミリービジネスと地域が相互に認め合う関係の崩壊につ

ながるだろう。

　しかし，地域で長く歴史を刻むファミリービジネスは，地域によるモニタリングを上手く活用することで，暴走の予防や軌道修正を図って存続してきたのではないだろうか。落合（2016）は，事業承継が単に現在の経営者から事業体を後継者に移転するプロセスではなく，承継プロセスを通じた後継者の育成プロセスでもあると捉え，その本質は，後継者が伝統の継承と革新の遂行という制約性と自律性のマネジメント能力を高められるか否かにあるとする。

　地域を拠点として長く存続するファミリービジネスは，意欲的な後継者世代の将来への投資行動を可能にするような，Miller and Le Breton-Miller（2014）の主張する拡張的な社会情緒的資産を形成し，それを基盤とする新商品開発や事業変革などのイノベーションによって第二創業につながったと考えられよう。その意味では，社会情緒的資産は，中長期的な視点でファミリーアントレプレナーシップの制御要因となると言えるだろう。

　ファミリービジネスの社会情緒的資産に対する欲求の強弱は，いかにして決まるのだろうか。第1章で見たように，社会情緒的資産の保持や増強の欲求水準に影響を与えるのは，ファミリービジネスの内外にある様々な「状況変数」である（Gomez-Mejia, et al., 2011）。

　それらは，「経営陣が何代目か」「企業規模はどれくらいか」「企業の存続がどの程度脅かされているか」「家族以外の株主が存在するか」などの要因であるが，とりわけ経営者が何代目かに注目してみる必要があるだろう。創業者を知る後継者と知らない後継者では，社会情緒的資産としてのアイデンティティについて，時代に合わせた変革や新たな事業展開の基盤としての解釈の仕方に違いがあると考えられるからである。

　社会情緒的資産の保持や増強による逸脱や暴走の制御は，創業者の存在や創業者を知る後継者がその制御に一定の役割を果たしていたのではないだろうか。逆に，創業者を知らない後継者は，創業者を神格化することで，ファミリービジネスとしてのアイデンティティを強めるようになるだろう。それは，ファミリービジネスの組織的な凝集性を高めることにつながるが，後継者の新機軸の

展開にとって足かせとなる可能性がある。さらに，創業者を幼少期から知る
ファミリービジネスの補佐役や番頭が，後継者世代の社会情緒的資産の保持や
増強にどのような役割を果たしていたのかも改めて考えてみる必要があるかも
しれない。

(3) 社会情緒的資産の日本的特性

　本書の事例から見出したことは，日本のファミリービジネスに固有の特徴だ
ろうか。たとえば，サムスンやロッテなど，韓国の主要な財閥企業はファミ
リービジネスである。社会情緒的資産理論は，韓国財閥企業の経営特性を説明
するのに最も示唆的な理論かもしれない。社会情緒的資産理論によれば，ファ
ミリービジネスは，企業への強い感情的な結びつき，事業による一族の永続，
創業家内の利他主義といった非財務的な効用を財務的な効用より優先する。韓
国財閥企業の経営特性には，これらの非財務的効用を重視する姿勢が強く表れ
ている。

　韓国人は，身内意識が非常に強く，家族・親戚関係を重視する儒教的な価値
観を持っていると言われる。家族の結びつきが密接で，家父長の権威に高い忠
誠心を持ち，血縁関係を大切にする。当然，ファミリービジネスである財閥企
業において，「家族論理」が企業経営に大きな影響を及ぼし，ファミリーとビ
ジネスの境界があいまいとなることが多い。韓国財閥企業におけるファミリー
メンバーの企業への感情的な結びつきは，おそらくどの国のファミリービジネ
スよりも強いものがある。韓国のTVで，財閥ファミリーメンバーの感情的な
側面と企業論理との間で引き起こされる様々な離齬がドラマの題材としてよく
取り上げられるのも，もっともである。

　また，「事業による一族の永続」を図るため，事業承継は支配株主であると
同時に経営権を掌握している創業者家族内でなされる。子女たちの婚姻が財閥
企業同士の間で行われる，いわゆる財閥「婚脈ネットワーク」（尹，1999）[3]の
形成も，富の再生産と拡大を通じた一族の永続を講ずるためのものと理解すべ
きであろう。サムスンや現代などがグループの経営権を息子に渡すために不正

な手続きで株式譲渡を計った事件も，一族の永続のために起こしたものである。

　韓国財閥企業は多業種に跨がる事業構造を擁す企業集団，つまり「フルセット型」あるいはコングロマリットと言われるが，オーナー経営者の直系家族だけではなく，親戚・姻戚の多くがグループ傘下の企業経営に関与している。身内同士の助け合いが当たり前とされる中で，親類に雇用の機会が提供されているのである。「創業家内の利他主義」にほかならない。

　このような非財務的効用の追求・維持が，韓国財閥企業の特徴を生み出している。カリスマ的な求心力を持ったオーナー家出身経営者の強いトップダウン型のリーダーシップの下，スピーディで大胆な意思決定による思い切った事業展開，特に新規事業開発に果敢に取り組むアントレプレナーシップの発揮という経営の特徴は，韓国企業の競争力の源泉となっている。

　しかし，過剰な非財務的効用の追求は弊害も生み出す。マスコミでも大きく取り上げられて波紋を広げた，韓進グループの大韓航空会長の長女趙顕娥（チョヒョナ）によるナッツ・リターン事件[4]や，経営権をめぐって創業者重光武雄（韓国名：辛格浩）の長男の重光宏之と二男の重光昭夫が争った，「兄弟の乱」と呼ばれるロッテグループの御家騒動などは非財務的効用の行き過ぎた追求がもたらしたマイナス面であると言えよう。非財務的効用を追求すれば，短期的にはともかく，長期的な経済的利益をもたらすとは限らないのである。韓国では同郷意識は強いが，日本と比較した場合，地域のモニタリングやそれを認識した自制的な行動に対するファミリー財閥の意識は，やや希薄であると言えるかもしれない。日本の地方に立脚するファミリービジネスは，その多くが「血縁」とともに「地縁」を重視し，社会情緒的資産の形成や保持において地域の風土やモニタリングを強く意識していることは特徴的であると考えられよう。

4 おわりに

　本書の事例として取り上げたファミリービジネスは，地方拠点の優良企業として，地域社会に対して一定の影響力を保持している土着性の強い企業である。土着性の強いファミリービジネスは，規模の大小にかかわらず，地域社会に対して大きな責任を負っている。

　地域に生まれ育ったファミリービジネスは，経済的なインセンティブ，特に短期的な経済的利益の追求だけでは行動できない。長く地域を拠点として存続するには，社内だけではなく，地域のステークホルダーに協力してもらう，危機の際に支援してもらえる関係の保持に努める必要があるからだ。とりわけ，従業員のファミリーに対する信頼を維持するには，現在の経営者が名声を得られず，あるいは評価されなくとも，重代のファミリーとしての評価を毀損させるわけにはいかない。

　代替的な取引関係と利害関係者が多く存在する大都市では，自らの趣向に合い，親和性のあるステークホルダーとだけ関係を持って，ファミリーと事業の存続を図ればいいかもしれない。だが，地方は必ずしもそういうわけにはいかない。歴史的経緯を持つ関係性が埋め込まれた地域では，自らと親和性のないステークホルダーとの関係性も無視できないのである。

　日本では，事業を長く営むことがファミリービジネスの義務であると言えよう。地場産業を構成するファミリービジネスのアントレプレナーシップは，地域性を反映して形成された社会情緒的資産を，新機軸のプロジェクトのリスクテイキングに対する長期的な視点からの制御要因としているのではないだろうか。事業とファミリーの存続を第一に考えるアイデンティティを形成し，その存続に資する経済的利益を追求することと併せて地域社会に対して長く関与し，社会的責任を果たそうとする土着性の強いファミリービジネスが，地域創生に大きな役割を果たすことができると言えるだろう。

地域を拠点として長く存続するファミリービジネスは，創業者の理念と重代の事業活動を通じて，地域との相互作用の中で形成してきた社会情緒的資産を保持し，それが制御要因となって「利益よりは存続」「競争よりは共存」という基本戦略の下でファミリーアントレプレナーシップを発揮する。地域活性化の持続的な牽引力としての役割は，ファミリービジネスが，自社と地域との存続を表裏一体と考え，それに資する新しい価値を創造しようとするファミリーアントレプレナーシップを発揮することによって可能になるのである。

注
1　加護野監修（2005）参照。事例研究の対象は，アメリカ企業が，ストーナー社（ペンシルバニア州），メドラッド社（ペンシルバニア州），テキサス・ネームプレート社（テキサス州）の3社，日本企業が，パトライト（大阪府），コーナン・メディカル（兵庫県），ネッツ・トヨタ南国（高知県），パナソニックCCグラフィックス（神奈川県）の4社である。
2　Miller and Le Breton-Miller（2005）
3　尹（1999），51-62頁。
4　韓進グループ会長の長女趙顕娥が，ニューヨーク発ソウル行きの大韓航空に搭乗した際に客室乗務員の「ナッツの出し方が悪い」（皿に盛られて出されるはずのナッツが袋のまま出された）と激怒，滑走路に向けて動き出していた飛行機を戻させてチーフパーサを降ろし，飛行機の運航を遅延させた事件。

（山田　幸三・尹　大栄）

参考文献

赤岩克己（2009）『続・瀬戸内の経済人―人と企業の歴史に学ぶ23話』吉備人出版。

淺羽茂（2015）「日本のファミリービジネス研究」『一橋ビジネスレビュー』63巻2号，20-30頁。

Audia, Pino G., Edwin A. Locke and Ken G. Smith（2000）"The paradox of success: An archival and laboratory study of strategic persistence following a radical environmental change," *Academy of Management Journal*, 43(5)，pp.837-853.

Barkema, H., Bell, J. and Pennings, J. M. E.（1996）"Foreign entry, cultural barriers and learning," *Strategic Management Journal*, pp.151-166.

Barney, J. B.（2002）*Gaining and sustaining competitive advantage, 2nd ed.* Prentice Hall.（岡田正大訳『企業戦略論―競争優位の構築と持続（上・中・下）』ダイヤモンド社，2003年）

Battilana, J., Leca, B. and Boxenbaum, E.（2009）"How Actors Change Institutions: Towards a Theory of Institutional Entrepreneurship," *Academy of Management Annals*, 3 (1)，No.1, pp.65-107.

Bornstein, D. and Davis, S.（2010）*Social Entrepreneurship*, Oxford University Press.（井上英之監修・有賀裕子訳『社会起業家になりたいと思ったら読む本』ダイヤモンド社，2012年）

Carlock R. S. and Word J. L.（2010）*When Family Business are Best*, Palgrave, Macmillan Publishers Limited.（階戸照雄訳『ファミリービジネス　最良の法則』ファーストプレス，2015年）

Cesinger, B., Hughes, M., Mensching, H., Bouncken, R., Fredrich, V. and Kraus, S.（2016）"A socioemotional wealth perspective on how collaboration intensity, trust, and international market knowledge affect family firms' multinationality," *Journal of World Business*, 51(4)，pp.586-599.

Chesbrough, H. W.（2003）*Open Innovation: The New Imperative for Creating and Profiting from Technology*, Cambridge, MA: Harvard Business School Publishing.（大前恵一朗訳『OPEN INNOVATION』産業能率大学出版部，2004年）

Chesbrough, H. W.（2006）*Open Business Models: How to Thrive in the New Innovation Landscape*, Cambridge, MA: Harvard Business School Publishing.（栗原潔訳『オープンビジネスモデル―知財競争時代のイノベーション』翔泳社，2007年）

張又心 Barbara・土井一生（2013）「九州食品産業における中小企業の海外展開」『産業経営研究所報』(45)，47-62頁。

中小企業庁編（2000）『中小企業白書 2000年版』。

中小企業庁編（2014）『中小企業白書 2014年版』。

中小企業庁編（2015）『中小企業白書 2015年版』。

中小企業庁編（2019）『中小企業白書 2019年版』。

Cruz, A. D., Hamilton, E. and Jack, S. L.（2012）"Understanding entrepreneurial cultures in family businesses: A study of family entrepreneurial teams in Honduras," *Journal of Family Business Strategy*, 3(3), pp.147-161.

De Tienne, D. R. and Chirico, F.（2013）"Exit strategies in family firms: How socioemotional wealth drives the threshold of performance," *Entrepreneurship Theory and Practice*, 37(6), pp.1297-1318.

Duran, P., Kostova, T. and Van Essen, M.（2017）"Political ideologies and the internationalization of family-controlled firms," *Journal of World Business*, 52(4), pp.474-488.

遠原智文（2012）「企業の国際化理論と中小企業の国際化戦略」額田春華・山本聡編『中小企業の国際化戦略』同友館，9 -28頁。

Enkel, E., Gassmann, O. and Chesbrough, H. W.（2009）"Open R&D and Open Innovation：Exploring the Pthenomenon," *R&D Management*, 39(4), pp.311-316.

江島由裕（2011）「日本のスタートアップ企業の成長要因（2）―企業家特性・戦略姿勢・政府支援と企業成長―」『大阪経大論集』61(5)。

江島由裕（2018）『小さな会社の大きな力：逆境を成長に変える企業家的志向性（EO）』中央経済社。

ファミリービジネス学会・奥村昭博・加護野忠男編（2016）『日本のファミリービジネス：その永続性を探る』中央経済社。

ファミリービジネス白書企画編集委員会編（2018）『ファミリービジネス白書』白桃書房。

Fu, B. X.（2008）"Asian noodles: History, classification, raw materials, and processing," *Food Research International*, 41(9), pp.888-902.

Gersick, K. E., Davis, J. A., McCollom Hampton, M. and Lansberg, I.（1997）*Generation to Generation: Life Cycles of the Family Business*, Boston, Harvard Business School Press.（岡田康司監訳，犬飼みずほ訳『オーナー経営の存続と継承：15年を超える実地調査が解き明かすオーナー企業の発展法則とその実践経営』流通科学大学出版，1999年）

Gomez-Mejia, L. R., Haynes, K. T., Nunes-Nickel M., Jacobson, K. and Moyano-Fuentes, J.（2007）"Socioemotional wealth and business risks in family-controlled firms：Evidence from Spanish olive oil mills," *Administrative Science Quarterly* 52 (1), pp.106-137.

Gomez-Mejia, L.R., Cruz. C., Berrone, P. and De-Castro, J.（2011）"The Bind that Ties: Socioemotional Wealth Preservation in Family Firms," *Academy of Management Annals*, 5(1), pp.653-707.

後藤俊夫編（2012）『ファミリービジネス』白桃書房。

後藤俊夫監修・落合康裕企画編集・ファミリービジネス企画編集委員会編（2018）『ファミリービジネス白書2018年度版：100年経営とガバナンス』白桃書房。

Habbershon, T. G., Nordqvist, M. and Zellweger, T. M. (2010) "Transgenerational Entrepreneurship," in M. Nordqvist and T. M. Zellweger, (Eds), *Transgenerational Entrepreneurship*: *Exploring Growth and Performance in Family Firms Across Generations*, Northampton, MA: Edward Elgar Pub.

星宏一（2017）「蔵とくらし【喜多方蔵探訪】」『喜多方：人々の心に響くまち』歴史春秋社，112-131頁。

細谷祐二（2017）『地域の力を引き出す企業—グローバル・ニッチトップ企業が示す未来』筑摩書房。

飯盛義徳（2016）「地域におけるファミリービジネス」奥村昭博・加護野忠男編『日本のファミリービジネス：その永続性を探る』中央経済社。

入山章栄・山野井順一（2014）「世界の同族企業経営の潮流」『組織科学』第48巻1号，25-37頁。

伊丹敬之・加護野忠男（2003）『ゼミナール経営学入門（第3版）』日本経済新聞社。

伊藤博之（2014）「地域と企業家：よって立つ足元を見つめる」宮本又郎・加護野忠男・企業家研究フォーラム編『企業家学のすすめ』有斐閣，280-291頁。

岩崎勝彦（2018）『おごと温泉の地域革新：地場産業を蘇らせる企業家活動』中央経済社。

Johanson, J. and Vahlne, J. E. (1977) "The internationalization process of the firm—a model of knowledge development and increasing foreign market commitments," *Journal of international business studies*, 8(1), pp.23-32.

Jones, M. V., Coviello, N. and Tang, Y. K. (2011) "International entrepreneurship research (1989-2009): a domain ontology and thematic analysis," *Journal of Business Venturing*, 26(6), pp.632-659.

Kachaner, N., Stalk, G. and Bloch, A. (2012) "What You Can Learn from Family Business," Harvard Business Review, November 2012 Issue. (『世界の同族企業からしたたかさを学ぶ』ダイヤモンド・ハーバード・ビジネス・レビュー，2013年11月号)

加護野忠男監修・関西生産性本部編（2005）『最強のスモールビジネス経営』ダイヤモンド社。

加護野忠男（2016）「地域の文化とファミリービジネス」ファミリービジネス学会・奥村昭博・加護野忠男編『日本のファミリービジネス：その永続性を探る』中央経済社，163-174頁。

金井一頼（2016）「地域企業の戦略」大滝精一・金井一頼・山田英夫・岩田智『経営戦略：論理性・創造性・社会性の追求　第3版』有斐閣。

韓国銀行（2008）「日本企業の長寿要因および示唆点」韓国銀行調査局。

Kao, M. S. and Kuo, A. (2017) "The effect of uncertainty on FDI entry mode decisions: The influence of family ownership and involvement in the board of directors," *Journal of Family Business Strategy*, 8(4), pp.224-236.

加藤厚海（2009）『需要変動と産業集積の力学—仲間型取引ネットワークの研究』白桃書房。

加藤敬太（2014）「ファミリービジネスにおける企業家活動のダイナミックス」『組織科学』第47巻3号，29-39頁。

Kellermanns, F. and Eddleston, K., (2006) "Corporate Entrepreneurship in Family Firms: A Family Perspective," *Entrepreneurship: Theory & Practice*, 30(6), pp.809-830.

倉科敏材 (2003)『ファミリー企業の経営学』東洋経済新報社。

Kirzner, I. M. (1973) *Competition and Entrepreneurship*, The University of Chicago Press. (田島義博監訳、江田三喜男・小林逸太・佐々木實雄・野口智雄共訳 (1985)『競争と企業家精神—ベンチャーの経済理論』千倉書房。

Kraus, S., Mensching, H., Calabrò, A., Cheng, C. F. and Filser, M. (2016) "Family firm internationalization: A configurational approach," *Journal of Business Research*, 69(11), pp.5473-5478.

黒瀬直宏 (2011)「戦後復興期の中小企業問題」『嘉悦大学研究論集』53(2)、93-111頁。

Lumpkin, G. T., Brigham, K. H. and Moss, T. W. (2010) "Long-term Orientation: Implications for the Entrepreneurial Orientation and Performance of Family Businesses," *Entrepreneurship & Regional Development*, 22(3-4), pp.241-264.

前川洋一郎・末包厚喜編 (2011)『老舗学の教科書』同友館。

松林鶴之助（前崎信也編）(2013)『九州地方陶業見学記』宮帯出版社。

Miller, D. (1983) "The Correlates of Entrepreneurship in Three Types of Firms," *Management Science*, 29(7), pp.770-791.

Miller, D. and Le Breton-Miller, I. (2005) *Managing for the Long Run: Lessons in Competitive Advantage from Great Family Businesses*, Boston, Mass.: Harvard Business School Press. (斉藤祐一訳『同族経営はなぜ強いのか？』ランダムハウス講談社、2005年)

Miller, D. and Le Breton-Miller, I. (2014) "Deconstructing Socioemotional Wealth," Managing For The Long Run, *Entrepreneurship Theory & Practice*, 19(1), pp.713-720.

宮本又郎 (2010)『日本企業経営史研究：人と制度と戦略と』有斐閣。

Montanari, M. (2006) *Food Is Culture*, Columbia University Press.

森元伸枝 (2009)『洋菓子の経営学—「神戸スウィーツ」に学ぶ地場産業育成の戦略』プレジデント社。

Mulholland, K. (1997) "The family enterprise and business strategies," *Work, Employment and Society*, 11(4), pp.685-711.

日本醸造協会 (1984)「〈醸家銘々伝〉福島県・喜多方市 大和川酒造」『日本醸造協会雑誌』第79巻第10号、681頁。

額田春華・首藤聡一朗・岸本太一 (2010)「大田区中小企業群における『冗長性』の低下」*MMRC Discussion Paper Series*.

落合康裕 (2016)『事業承継のジレンマ：後継者の制約と自立のマネジメント』白桃書房。

奥村昭博 (2015)「ファミリービジネスの理論 昨日、今日、そしてこれから」『一橋ビジネスレビュー』63巻2号、6-19頁。

O'Reilly, C. A. and Tushman, M. L. (2013) "Organizational ambidexterity: Past, present, and future," *Academy of Management Perspectives*, 27(4), pp.324-338.

小澤行正・坂本光司・手塚孝編著（1997）『小さな世界一企業』同友館。

Poza, E. J.（1988）"Managerial Practices That Support Interpreneurship and Continued Growth," *Family Business Review*, 1(4), pp.339-359.

Rauch, A., Wiklund, J., Lumpkin, G. T. and Frese, M.（2009）"Entrepreneurial Orientation and Business Performance: An Assessment of Past Research and Suggestions for the Future," *Entrepreneurship Theory and Practice*, 33(3), pp.761-787.

Rosa, P.（1998）"Entrepreneurial processes of business cluster formation and growth by 'habitual'entrepreneurs," *Entrepreneurship Theory and Practice*, 22 (4), pp.43-61.

山陽新聞社（1977）『せとうち産業風土記―山陽教養シリーズ』山陽新聞社。

山陽新聞社（1985）『瀬戸大橋時代を生きる企業と人』山陽新聞社。

佐藤芳伸（1984）「大和川酒造」『日本醸造協会雑誌』79巻10号、681-681頁。

佐藤芳伸（1992）「新蔵建設のこころみ：小規模清酒工場の自動化」『日本醸造協会雑誌』87巻10号，692-698頁。

Schumpeter, J. A.（1926）*Theorie der Wirtschaftlichen Entwicklung* Leipzih,Munhen.（塩野谷祐一・中山伊知郎・東畑精一訳『経済発展の理論』上巻，岩波文庫，1977年）

Schumpeter, J. A.（1947）"The Creative Response in Economic History," *Journal of Economic History*, 7(2), pp.149-159.（清成忠男編訳「経済史における創造的反応」『企業家とは何か』東洋経済新報社，1998年）

商工総合研究所（2009）『平成21年度調査研究事業報告書 地場産業の現状と課題―燕・三条地域―』。

Stinchcombe, A.（1965）*Social Structure and Organizations*, in J. G. March（Ed.）, Handbook of Organizations, Chicago: Rand-Mcnally, pp.142-193.

Suchman, M. C.（1995）"Managing Legitimacy: Strategic and Institutional Approaches," *Academy of Management Review*, 20(3), pp.571-610.

Sydow, J., Schreyogg, G. and Koch, J.（2009）"Organizational Path Dependence: Opening the Black Box," *Academy of Management Review*, 34(4), pp.689-709.

武井一喜（2014）『同族企業はなぜ3代で潰れるのか？』クロスメディア・パブリッシング。

帝国データバンク（2013）「長寿企業の実態調査」。

とうほう地域総合研究所編（2007）「厳しい経営環境の酒造業、その活性化策を探る」『福島の進路』No.297，10-18頁。

冨山和彦（2010）『カイシャ維新』朝日新聞社。

Tushman, M. L. and O'Reilly, C.A.（1996）"The ambidextrous organization: Managing evolutionary and revolutionary change," *California Management Review*, 38, pp.1-23.

Ucbasaran, D., Alsos, G. A., Westhead, P. and Wright, M.（2008）"Habitual entrepreneurs," *Foundations and Trends® in Entrepreneurship*, 4(4), pp.309-450.

Westhead, P. and Wright, M.（1998）"Novice, portfolio, and serial founders: are they different?" *Journal of business venturing*, 13(3), pp.173-204.

山田幸三（2013）『伝統産地の経営学：陶磁器産地の協働の仕組みと企業家活動』有斐閣。

山田幸三（2016a）「集積のなかでの切磋琢磨：競争が支える協働と工程別分業」加護野忠

男・山田幸三編『日本のビジネスシステム：その原理と革新』有斐閣，183-206頁。

山田幸三（2016b）「ファミリービジネスの経営戦略」ファミリービジネス学会・奥村昭博・加護野忠男編『日本のファミリービジネス：その永続性を探る』中央経済社，63-82頁。

山田幸三（2018a）「産地の自己革新と企業家活動：有田焼陶磁器産地の事例を中心として」『企業家研究』第15号，81-107頁。

山田幸三（2018b）「ファミリービジネスの企業家活動と地域の不文律」『VENTURE REVIEW』第32号，3-13頁。

山田幸三・伊藤博之（2008）「陶磁器産地の分業構造と競争の不文律：有田焼と京焼の産地比較を中心として」『組織科学』第42巻第2号，89-99頁。

山田幸三・伊藤博之（2013）「陶磁器産地の分業構造の変化と企業家活動：信楽焼産地の事例を中心として」『組織科学』第46巻第3号，4-15頁。

山田幸三・江島由裕・曽根秀一（2015）「純血型中小ファミリー企業の革新的マネジメント：創業者と後継者の戦略・トップマネジメント活動の比較分析」『ファミリービジネス学会誌』第4号，19-37頁。

山田幸三・江島由裕編（2017）『1からのアントレプレナーシップ』碩学社。

Yamada, K. and Eshima, Y. (2017) "Impact of Entrepreneurial Orientation: Longitudinal Analysis of Small Technology Firms in Japan," *Academy of Management Proceedings*, DOI:10.5465/ambpp.2009.44243059

山田雄久・筒井孝司・吉田忠彦・東郷寛（2012）「大有田焼振興協同組合の設立とその背景」『商経学叢』第59巻第2号，709-727頁。

山本聡（2010）「サプライヤー企業のネットワークと取引関係の変化：茨城県日立地域のサプライヤー企業を事例に」『日本中小企業学会論集』29，214-227頁。

山本聡・小松隆史（2019）「中小ファミリービジネスにおける境界連結者の役割と起業プロセス」日本中小企業学会 第39回全国大会 発表予稿。

山崎充（1977）『日本の地場産業』ダイヤモンド社。

Yokozawa, T. and Goto, T. (2004) "*Some characteristics Japanese long-lived firms and their financial performance*," Proceeding of the 15th FBN-IFERA Academic Reasearch Conference, IFERA Publications.

吉形士郎編（1972）『日生町誌』日生町役場。

尹大栄（2014）『地域産業の永続性：発展を支える3つの要因』中央経済社。

尹大栄（2017）「ファミリー・アントレプレナー」山田幸三・江島由裕編『1からのアントレプレナーシップ』中央経済社。

尹大栄（1999）「韓国財閥企業の婚姻ネットワーク」『経営と情報』静岡県立大学，第11巻第2号，51-62頁。

Ward, J. L. (1987) *Keeping the Family Business Healthy*, San Francisco: Jossey-Bass.

財界21編（1990）「こだわりの酒造りに挑む」『財界ふくしま』第19巻第9号，52頁。

財界21編（1992）「夢は世界相手の酒造り～純米・吟醸だけを、の（資）大和川酒造店～」『財界ふくしま』第21巻第5号，52頁。

Zellweger, T. M., Nason, R. S. and Nordqvist, M. (2012) "From Longevity of Firms to

Transgenerational Entrepreneurship of Families: Introducing Family Entrepreneurial Orientation," *Family Business Review*, 25(2), pp.136-155.

Zondag, M., Mueller, E. and Ferrin, B. (2017) "The application of value nets in food supply chains: A multiple case study," *Scandinavian Journal of Management*, 33(4), pp.199-212.

索　引

著者紹介

山田　幸三（やまだ　こうぞう）　　　　　　　　　　　　第1章・第5章・終章
奥付「編著者紹介」参照。

尹　大栄（ゆん　てーよん）　　　　　　　　　　　　　　第4章・終章
長野県立大学　グローバルマネジメント学部　教授
神戸大学大学院経営研究科博士課程修了　博士（経営学）
専攻：経営戦略，国際経営，産業クラスター
主著：『地域産業の永続性』（2014，中央経済社），『静岡に学ぶ地域イノベーション』（共編著，2013，中央経済社），『日中韓企業の経営比較』（共著，2005，税務経理協会）など多数

山本　聡（やまもと　さとし）　　　　　　　　　　　　　第1章・第6章
東洋大学　経営学部　教授
一橋大学大学院経済学研究科博士後期課程単位取得退学　博士（経済学）
専攻：中小企業経営論，アントレプレナーシップ論
主著：「中小製造企業におけるドイツ企業との強靱な取引関係の構築と顧客連結能力」『日本中小企業学会論集』第36号（2017），「中小製造業の国際化プロセスと国際的企業家志向性，輸出市場志向性，学習志向性：探索的検討と仮説提示」『VENTURE REVIEW』第24号（共著，2014）など多数

落合　康裕（おちあい　やすひろ）　　　　　　　　　　　第1章・第2章
静岡県立大学　経営情報学部　教授
神戸大学大学院経営学研究科博士後期課程修了　博士（経営学）
専攻：経営戦略，ファミリービジネス，事業承継
主著：『事業承継の経営学：企業は後継者をいかに育成するか』（2019，白桃書房。実践経営学会名東賞），『ファミリービジネス白書2018年度版：100年経営とガバナンス』（編著，2018，白桃書房），『事業承継のジレンマ：後継者の制約と自律のマネジメント』（2016，白桃書房），『ファミリービジネス白書2015年度版：100年経営をめざして』（編著，2016，白桃書房）など多数

戸前　壽夫（とまえ　ひさお）　　　　　　　　　　　　　第3章
岡山大学　大学院社会文化科学研究科　准教授
一橋大学大学院商学研究科博士後期課程単位修得退学
専攻：地域企業論，経営戦略論
主著：『クロス・セクター・マネジメント』（2007，岡山大学経済学部研究叢書），"Strategic knowledge creation: the case of Hamamatsu Photonics", *International Journal of Technology Management*, Vol.30, No.3/4（共著，2005）など多数

編著者紹介

山田　幸三（やまだ　こうぞう）

上智大学経済学部教授　博士（経営学）　放送大学客員教授

専攻：経営戦略，経営組織，アントレプレナーシップ

1956年生まれ。神戸大学経済学部卒業後，7年間の東京海上火災保険株式会社勤務を経て，1991年神戸大学大学院経営学研究科博士課程修了。2000年岡山大学教授，2002年より現職。主著：『経営学概論』（2018，放送大学教育振興会），『伝統産地の経営学：陶磁器産地の協働の仕組みと企業家活動』（2013，有斐閣），『新事業開発の戦略と組織：プロトタイプの構築とドメインの変革』（2000，白桃書房。日本経営協会経営科学文献賞），『1からのアントレプレナーシップ』（共編著，2017，碩学舎・中央経済社），『日本のビジネスシステム：その原理と革新』（共編著，2016，有斐閣），『日本のベンチャー企業：アーリーステージの課題と支援』（共編著，1999，日本経済評論社。商工総合研究所中小企業研究奨励賞本賞）など多数

Family Entrepreneurship

ファミリーアントレプレナーシップ
地域創生の持続的な牽引力

2020年6月1日　第1版第1刷発行

編著者	山	田	幸	三
著　者	尹		大	栄
	山	本		聡
	落	合	康	裕
	戸	前	壽	夫
発行者	山	本		継

発行所　㈱中央経済社

発売元　㈱中央経済グループ
　　　　パブリッシング

〒101-0051　東京都千代田区神田神保町1-31-2
電　話　03(3293)3371(編集代表)
　　　　03(3293)3381(営業代表)
http://www.chuokeizai.co.jp/
印刷／東光整版印刷㈱
製本／侑井上製本所

ⓒ 2020
Printed in Japan

＊頁の「欠落」や「順序違い」などがありましたらお取り替えいたしますので発売元までご送付ください。（送料小社負担）

ISBN 978-4-502-34141-0　C3034

● 好評発売中 ●

日本の
ファミリービジネス
その永続性を探る

ファミリービジネス学会〔編〕
奥村昭博・加護野忠男〔編著〕
● A5判／200頁
● ISBN：978-4-502-19011-7

> ファミリービジネス（同族企業）
> は，極めて長寿であり，高業績な
> 企業が多いことが認知されてき
> た。その数，歴史において世界一
> である日本企業を対象にその特
> 徴を体系化。

◆本書の主な内容◆

中央経済社

●好評発売中●

地域創生イノベーション

企業家精神で地域の活性化に挑む

忽那　憲治・山田　幸三〔編著〕

● 四六判／264頁
● ISBN：978-4-502-20041-0

多様な切り口で多様な地域の事例を紹介し，地域に埋め込まれた資源による事業創造や，地域活性化の施策の立案に資するよう，地域創生を実践していくためのメッセージを発信。

◆本書の主な内容◆

中央経済社

国際競争力第4位のスウェーデンに学ぶ

スウェーデン流グローバル成長戦略

「分かち合い」の精神に学ぶ

小国ながらもイケア、ボルボ、H&Mなど名だたるグローバル企業を輩出しているスウェーデン。これらの企業の戦略は国際競争に苦しむ日本企業に多くの示唆を与える。

■加護野　忠男・山田　幸三・長本　英杜〔編著〕
■四六判・240頁
■ISBN：978-4-502-12601-7

◆本書の主な内容◆

中央経済社